Was ist eigentlich …?

Reihe herausgegeben von
Tilo Strobach, Department of Psychology, Medical School Hamburg, Hamburg, Deutschland

Die Buchreihe „Was ist eigentlich …?" möchte den Leserinnen und Lesern einen ersten Einblick in die verschiedenen Disziplinen der Psychologie geben. Die Einteilung der Bände dieser Reihe orientiert sich dabei an den typischen Psychologiemodulen an deutschen Universitäten. Deshalb eignen sich die kompakten Bücher vor allem für Psychologiestudierende am Beginn des Studiums. Sie bieten aber auch für alle anderen, generell an psychologischen Themen Interessierten einen ersten, gut verständlichen Einblick in die psychologischen Disziplinen: Jeder Band stellt den Kern einer dieser Disziplinen vor. Des Weiteren werden prominente Fragestellungen und Diskurse der Vergangenheit und der Gegenwart vorgestellt. Außerdem wird ein Blick in die Zukunft und auf offene Fragen gerichtet.

Isabel T. Strubel · Elisabeth Kals · Jürgen Hellbrück

Umweltpsychologie

Ein Überblick für Psychologiestudierende und -interessierte

Isabel T. Strubel
Sozial- und Organisationspsychologie
Katholische Univ. Eichstätt-Ingolstadt
Eichstätt, Deutschland

Elisabeth Kals
Sozial- und Organisationspsychologie
Katholische Univ. Eichstätt-Ingolstadt
Eichstätt, Deutschland

Jürgen Hellbrück
Katholische Univ. Eichstätt-Ingolstadt
Eichstätt, Deutschland

ISSN 2523-8744　　　　　　　　ISSN 2523-8752 (electronic)
Was ist eigentlich …?
ISBN 978-3-662-71491-1　　　　ISBN 978-3-662-71492-8 (eBook)
https://doi.org/10.1007/978-3-662-71492-8

Die Deutsche Nationalbibliothek verzeichnet diese Publikation in der Deutschen Nationalbibliografie; detaillierte bibliografische Daten sind im Internet über https://portal.dnb.de abrufbar.

© Der/die Herausgeber bzw. der/die Autor(en), exklusiv lizenziert an Springer-Verlag GmbH, DE, ein Teil von Springer Nature 2025

Das Werk einschließlich aller seiner Teile ist urheberrechtlich geschützt. Jede Verwertung, die nicht ausdrücklich vom Urheberrechtsgesetz zugelassen ist, bedarf der vorherigen Zustimmung des Verlags. Das gilt insbesondere für Vervielfältigungen, Bearbeitungen, Übersetzungen, Mikroverfilmungen und die Einspeicherung und Verarbeitung in elektronischen Systemen.
Die Wiedergabe von allgemein beschreibenden Bezeichnungen, Marken, Unternehmensnamen etc. in diesem Werk bedeutet nicht, dass diese frei durch jede Person benutzt werden dürfen. Die Berechtigung zur Benutzung unterliegt, auch ohne gesonderten Hinweis hierzu, den Regeln des Markenrechts. Die Rechte des/der jeweiligen Zeicheninhaber*in sind zu beachten.
Der Verlag, die Autor*innen und die Herausgeber*innen gehen davon aus, dass die Angaben und Informationen in diesem Werk zum Zeitpunkt der Veröffentlichung vollständig und korrekt sind. Weder der Verlag noch die Autor*innen oder die Herausgeber*innen übernehmen, ausdrücklich oder implizit, Gewähr für den Inhalt des Werkes, etwaige Fehler oder Äußerungen. Der Verlag bleibt im Hinblick auf geografische Zuordnungen und Gebietsbezeichnungen in veröffentlichten Karten und Institutionsadressen neutral.

Springer ist ein Imprint der eingetragenen Gesellschaft Springer-Verlag GmbH, DE und ist ein Teil von Springer Nature.
Die Anschrift der Gesellschaft ist: Heidelberger Platz 3, 14197 Berlin, Germany

Wenn Sie dieses Produkt entsorgen, geben Sie das Papier bitte zum Recycling.

Vorwort

Wir freuen uns, dass Sie sich für das spannende Gebiet der Umweltpsychologie interessieren und mehr darüber erfahren möchten. Die Umweltpsychologie beschäftigt sich mit der Interaktion zwischen Menschen und ihrer physischen sowie sozio-kulturellen Umwelt. In diesem Buch wird sowohl der sozialwissenschaftliche als auch der naturwissenschaftliche Zugang zu Umweltpsychologie berücksichtigt. Wir sind überzeugt, dass beide Zugänge notwendig sind, um Mensch-Umwelt-Beziehungen verstehen und produktiv gestalten zu können.

Das Buch wendet sich an alle Menschen, die einen ersten Einblick in die Umweltpsychologie erhalten möchten, sei es, weil sie Interesse an Mensch-Umwelt-Beziehungen haben, weil sie einen beruflichen Bezug zu umweltpsychologischen Fragestellungen haben, weil sie sich hinsichtlich der Auswahl eines Studien- oder Vertiefungsfachs orientieren möchten oder weil sie auf der Grundlage wissenschaftlicher Erkenntnisse Verantwortung für den Schutz der Umwelt übernehmen wollen.

Für die Lektüre des Buches sind keine besonderen Vorkenntnisse erforderlich. Ziel ist es, trotz aller Kürze, einen möglichsten breiten Einblick in wichtige Themen, Forschungsfragen und Erkenntnisse der Umweltpsychologie zu geben. Im Idealfall weckt dieser Ihre Neugier und macht Ihnen Lust darauf, sich anschließend weiter mit Umweltpsychologie zu beschäftigen.

Die Ausführungen in diesem Buch folgen an einigen Stellen dem umfangreicheren Lehrbuch Umweltpsychologie von Kals, Strubel und Hellbrück (2023,

2. Aufl.), das ebenfalls im Verlag Springer erschienen ist. Zum Teil wurden Formulierungen aus dem Lehrbuch mit freundlicher Genehmigung des Verlags wörtlich übernommen. Wegen der besseren Lesbarkeit wurden diese Wiedergaben nicht eigens als Zitate gekennzeichnet.

Wir wünschen Ihnen viel Freude bei der Lektüre des Buches.

Eichstätt, Deutschland

Isabel T. Strubel
Elisabeth Kals
Jürgen Hellbrück

Inhaltsverzeichnis

1 **Umweltpsychologie: Herkunft, Gegenstand und wichtige Begriffe**... 1
   1.1 Definition von Umweltpsychologie 1
   1.2 Zentrale Begriffe 2
   1.3 Die drei Umwelten des Menschen und der Umweltschutz 3
   1.4 Historische Wurzeln 5
   1.5 Neuere Entwicklungen in der Psychologie und ihre Bedeutung für die Umweltpsychologie 7

2 **Psycho-soziale und gesundheitspsychologische Wirkungen der Umwelt auf den Menschen** 11
   2.1 Wirkungen natürlicher Umwelten auf den Menschen 11
   2.2 Landschaft und Natur 15
   2.3 Wirkungen von Raum und gebauter Umwelt auf den Menschen 16
   2.4 Umweltbelastungen 22

3 **Psychologische Determinanten menschlicher Einflüsse auf die Umwelt** 31
   3.1 Vom Umweltschutz zur Nachhaltigkeit 31
   3.2 Das sozio-ökologische Dilemma als zentrales Paradigma 38
   3.3 Modelle umweltschützenden Handelns 43
   3.4 Erklärung und Förderung umweltschützenden Handelns 48
   3.5 Freiwilligenarbeit im Umweltschutz als besonders Form umweltschützenden Handelns 55

4 Zusammenwirken der beiden umweltpsychologischen Forschungstraditionen 59
   4.1 Kooperationserfordernisse und -gewinne am Beispiel des Klimawandels 59
   4.2 Umweltkonflikte und Umweltmediation 62

5 Ausblick: Gestaltungsaufgaben, Ausbildung und Berufsfelder 65
   5.1 Gestaltungsaufgaben der Umweltpsychologie 65
   5.2 Ausbildung 66
   5.3 Berufs- und Arbeitsfelder 67

Literatur 69

Umweltpsychologie: Herkunft, Gegenstand und wichtige Begriffe

Dieses erste Kapitel gibt eine kurze Einführung in die Umweltpsychologie und behandelt grundlegende Begriffe und historische Wurzeln dieser psychologischen Teildisziplin. Hierzu wird zunächst der Begriff der Umweltpsychologie definiert und es werden zentrale weitere Begriffe erläutert. Anschließend werden die „drei Umwelten" des Menschen nach Willy Hellpach vorgestellt und der Stellenwert des Umweltschutzes in der Umweltpsychologie betrachtet. Nachdem die historischen Wurzeln der Umweltpsychologie dargestellt wurden, widmet sich das letzte Teilkapitel neueren Entwicklungen in der Psychologie und ihrer Bedeutung für die Umweltpsychologie.

1.1 Definition von Umweltpsychologie

Umweltpsychologie ist ein Bereich der Psychologie, der die Interaktionen zwischen Menschen und ihrer physischen sowie sozio-kulturellen Umwelt untersucht. Während sich die Psychologie allgemein mit dem Erleben und Verhalten des Menschen beschäftigt, konzentriert sich die Umweltpsychologie auf die Einflüsse der physischen und sozio-kulturellen Umwelt auf das Erleben und Verhalten von Individuen und Gruppen. Zudem wird erforscht, wie menschliches Verhalten – ob unabsichtlich oder gezielt – Veränderungen in verschiedenen Umweltbereichen hervorruft, die wiederum Einfluss auf Erleben und Verhalten nehmen.

Angesichts der sich verschärfenden Umwelt-, Energie- und Klimakrise haben Themen wie Nachhaltigkeit, Umweltschutz und Klimaschutz in den letzten Jahrzehnten innerhalb der Umweltpsychologie an Bedeutung gewonnen, sowohl in der Forschung als auch bei umweltpsychologischen Anwendungen in der Praxis.

Im Folgenden sollen einige zentrale Begriffe erläutert werden.

1.2 Zentrale Begriffe

Umgebung und Umwelt

In der Umweltpsychologie unterscheiden wir zwischen der objektiv beschreibbaren Umgebung und der subjektiv erlebten Umwelt. Eine identische Umgebung kann für verschiedene Personen unterschiedliche Bedeutungen haben. Zum Beispiel kann eine Verkehrssituation, die objektiv durch die Anzahl der Fahrzeuge pro Stunde und andere messbare Kriterien beschrieben werden kann, für eine Mutter kleiner Kinder eine gefährliche Umwelt darstellen. Für einen Rentner, der dort seinen Ruhestand genießt, kann dieselbe Situation laut und ärgerlich sein. Ein Geschäftsinhaber hingegen könnte diese Umgebung aufgrund der guten Verkehrsanbindung als positiv empfinden. Obwohl sich alle drei Personen in derselben Umgebung befinden, erleben sie unterschiedliche Umwelten: eine Bedrohung, eine Belästigung und eine wirtschaftliche Chance. Natürlich gibt es auch Überschneidungen zwischen diesen verschiedenen Wahrnehmungen.

An dieser Stelle sei darauf hingewiesen, dass der Begriff „Umwelt" Anfang des 20. Jahrhunderts von dem Biologen Jakob von Uexküll (1864–1944) in den deutschen Sprachschatz eingeführt wurde. Dieser umschrieb damit den Bereich der physischen Umgebung, der für ein bestimmtes Lebewesen Bedeutung besitzt. Die von Uexküll vertretene theoretische Konzeption von Biologie wird auch als „Bedeutungslehre" bezeichnet. Die Umwelt des Menschen ist jedoch wesentlich komplexer und vielschichtiger als die von Tieren, für die sich der Biologe von Uexküll interessierte. Einer Übertragung von Uexkülls Bedeutungslehre auf den Menschen sind daher Grenzen gesetzt.

Nachhaltigkeit

Der Begriff „Nachhaltigkeit" entstand mit der Erfahrung der Begrenztheit und Endlichkeit von Ressourcen. Ursprünglich bezog sich dieser Begriff auf natürliche, nachwachsende Ressourcen, wie den Wald oder Fischbestände. Das Postulat der Nachhaltigkeit bedeutet, dass von einer Ressource nur so viel genutzt werden darf, dass die Bestände die Chance haben nachzuwachsen. Heute erstreckt sich der Begriff auch auf wirtschaftliche und soziale Ressourcen (siehe auch Abschn. 3.1).

Umweltethik

Nach unseren ethischen Überzeugungen hat jeder Mensch gleichermaßen ein Recht auf die Befriedigung energiekonsumierender Grundbedürfnisse, wie Nahrung, Wärme, Gebäudeklimatisierung und Mobilität. Diese Grundrechte gewähren auch ein Recht auf Umweltnutzung. Wenn die Ressourcen begrenzt sind und mit der Umweltnutzung auch Umweltschäden verknüpft sind, kann es zu sozialökologischen Konflikten und Dilemmata kommen, deren Erforschung, Vermeidung und Lösung ebenfalls zu einem Thema der Umweltpsychologie wird (siehe auch Abschn. 3.2). Der Konflikt zwischen persönlicher Freiheit und Gewinnstreben einerseits und dem Schutz von Allgemeingut (Allmende) andererseits ist auch eine Frage der Vermittlung zwischen einzelnen Interessensgruppen, deren Ziel ein als gerecht erlebter Interessensausgleich ist. Dies ist Gegenstand der Umweltmediation, ein weiteres Thema der Umweltpsychologie (vgl. Abschn. 4.2).

1.3 Die drei Umwelten des Menschen und der Umweltschutz

Als Begründer der Umweltpsychologie gilt der Psychologe und Mediziner Willy Hellpach (1877–1955). Er hat die Umwelt des Menschen in natürliche Umwelt, soziale und kulturell-zivilisatorische Umwelt aufgeteilt (Hellpach, 1924). Diese Gliederung ist immer noch sinnvoll.

Natürliche Umwelt

Zu den Wirkungen der natürlichen Umwelt zählen die Einflüsse von Wetter, Klima, Boden und Landschaft auf den Menschen. Heute, hundert Jahre nach Hellpachs grundlegendem Werk über die „geo-psychischen Erscheinungen", werden viele seiner Themen, wie der Einfluss von Wetter und Klima auf Stimmung, Verhalten und Gesundheit des Menschen, wieder aufgegriffen und gewinnen angesichts der Klimaveränderungen zunehmend an Bedeutung.

Räumlich-soziale Umwelt

Die räumlich-soziale Umwelt ist ein weiterer wichtiger Bereich der Umweltpsychologie. Mit räumlich-sozialer Umwelt sind nicht nur Wohnräume gemeint, sondern alle Räume, die Menschen gemeinsam nutzen und in denen sie soziale Beziehungen verwirklichen. Dazu zählen beispielsweise Plätze und Wege in einer Stadt, Spielplätze für Kinder und Plätze für Freizeitgestaltungen oder auch für Nachbarschaftsaktivitäten etc.

Kulturell-zivilisatorische Umwelt

Die wissenschaftlich-technische und kulturelle Entwicklung befreit den Menschen einerseits von Beschränkungen, die durch die Natur gesetzt sind, belastet ihn aber andererseits auch mit dadurch bedingten unangenehmen Folgen. Sie ermöglicht ihm z. B. mit Auto, Bahn und Flugzeug weite Strecken in kurzer Zeit zurückzulegen, eine Bequemlichkeit, die mit Lärm, verunreinigter Luft, Landschaftszergliederung und nicht zuletzt mit der Ausbeutung von fossilen Energieträgern und der damit einhergehenden Klimaproblematik erkauft wird. Heute noch nicht abzusehen sind die Konsequenzen, die sich aus der Entwicklung der *Künstlichen Intelligenz* und ihrer praktischen Umsetzung ergeben, etwa im Bereich humanoider Roboter.

Umwelt- und Klimaschutz

Die Umweltschutzpsychologie hat sich nach der Proklamation der Grenzen des Wachstums durch den *Club of Rome*, und der Energiekrise in den 1970er-Jahren, auch in Deutschland als ein weitgehend eigenständiger Bereich der Umweltpsychologie etabliert, der zunehmend an Bedeutung gewinnt. Die Umweltschutzpsychologie ist normativ begründet und trägt zur Förderung umweltverantwortlichen Verhaltens und Handelns bei. Dabei berührt die Umweltpsychologie auch die Umweltpädagogik. Die Vermittlung von Umweltwissen ist aufgrund der Komplexität des Themas und der damit verbundenen Unsicherheit des Wissens, sowie der auf eine ungewisse Zukunft verweisenden Konsequenzen, eine pädagogische Herausforderung. Bei der Etablierung von umweltverantwortlichem Verhalten geht es auch um Werte und Normen, deren Vermittlung und Festigung und den darauf aufbauenden kongruenten Verhaltensweisen.

1.4 Historische Wurzeln

Wurzeln in der Biologie

Die Entwicklung der Umweltpsychologie besitzt Wurzeln in Jakob von Uexkülls theoretischer Biologie und Bedeutungslehre. Jakob von Uexküll führte, wie bereits erwähnt, den Begriff *Umwelt* im deutschen Sprachraum ein. Von Uexküll inspirierte Egon Brunswik, auf den der in der Psychologie bekannte Begriff „ökologische Validität" zurückgeht. Damit ist der Bezug von psychologischen Untersuchungen und Forschungsaussagen zum „wirklichen Leben" gemeint. Anders gesagt, psychologische Untersuchungen sollten nicht wirklichkeitsfremd sein. Auch die Methode des „repräsentativen Designs" ist eine Idee Brunswiks. Darunter versteht man eine Korrelationsstudie, bei der in einem natürlichen Umfeld, d. h. nicht unter Labor- bzw. artifiziellen Bedingungen, subjektive Daten erhoben und mit den sich gerade ergebenden (objektiven) Umgebungsfaktoren korreliert werden. Brunswik war einer der Ersten, der sich der damals relativ neuen statistischen Methode der Korrelationsrechnung bediente. Brunswiks ökologischer Bezug geht über den Umweltbegriff der heutigen Umweltpsychologie hinaus. Sein Begriff der ökologischen Validität bezieht sich auf die Güte einer psychologischen Untersuchung und ist als ein Maß zu verstehen, das Auskunft gibt, inwieweit eine Studie die tatsächlichen Lebensbedingungen widerspiegelt.

Kognitionspsychologie und kognitive Karten

Der Psychologe Edward Tolman (1886–1959) stellte aufgrund der Ergebnisse von Labyrinth-Experimenten mit Labor-Ratten die Theorie auf, dass die Versuchstiere eine räumliche Repräsentation (*kognitive Karte*) ihrer Umgebung im Gedächtnis gebildet haben.

Auf das Konzept der *kognitiven Karte* (*cognitive map* bzw. *mental map*) greift auch die Humangeografie zurück, die an räumlichem Verhalten der Menschen interessiert ist, also an der Orientierung im Raum und beim Wegefinden. Die Forschungen zu kognitiven Karten sind beispielsweise wichtig für die Stadtplanung, die bemüht ist, Wege und Räume so zu konzipieren, dass die mentale Orientierung leichtfällt. Kognitive Karten bzw. kognitives Kartieren stellen wichtige Bindeglieder zwischen Humangeografie und kognitiver Psychologie dar und sind unverzichtbar in der Umweltpsychologie des räumlich-sozialen Verhaltens.

Behavior-Setting-Ansatz

Großen Einfluss auf die Entwicklung der Umweltpsychologie hatte der die gesamte Psychologie inspirierende Sozialpsychologe Kurt Lewin (1890–1947). Nach Lewin ist Verhalten eine Funktion von Person und Umwelt (V = f (P, U)). Diese Formel ist Basis einer von Lewin ausgearbeiteten „Feldtheorie" mit einer anspruchsvollen Formalisierung topologischer, psychisch-phänomenaler Räume. Lewins Mitarbeiter Roger Barker (1903–1990) hat die Arbeit Lewins als ökologische Perspektive unter dem Begriff *behavior setting* weiterentwickelt (Barker, 1968).

Ausschlaggebend für Barker war die Erkenntnis, dass der Einfluss des „Settings", in dem sich Verhalten abspielt, prägend für die Ausgestaltung des Verhaltens ist. Diese Erkenntnis hat sich – einmal in den Fokus wissenschaftlicher Betrachtung gerückt – als äußerst fruchtbar für die Praxis erwiesen, nicht zuletzt für Stadtplanung und Architektur.

Unter einem *behavior setting* versteht man Räume und Raumeinrichtungen, die ein bestimmtes Verhalten zugrunde legen bzw. auf ein bestimmtes Verhalten abgestimmt sind, und auf die sich wiederum das Verhalten abstimmt. Verhalten und Raum stabilisieren sich also gegenseitig zu einem synomorphen Raum-Handlungssystem. Wechselt man den Raum, ändert sich das Verhalten. Der hohe Innenraum einer gotischen Kathedrale flößt beispielsweise Ehrfurcht ein; die Menschen bewegen sich darin gemessenen Schrittes und vermeiden spontan-abrupte Bewegungen. Der Nachhall zwingt zu leiserem und langsamerem Sprechen. Ganz anders dagegen ist das Verhalten in einem Gasthaus bei einer Vereinsfeier. Eine Vereinsfeier lässt sich in einem kleinen Raum abhalten, in dem die Menschen dichter beieinander sind. Kleinere Räume und dichteres Zusammensein fördern das Gemeinschaftserleben (nur sofern man die Gemeinschaft möchte). Ein Wirtshaus legt kein ehrfurchtsvolles Verhalten nahe. Das dort entstehende Stimmengewirr sorgt für lauteres Sprechen, das sich gegenseitig hochschaukelt und eine ausgelassene Stimmung fördert. Weitere Beispiele: Park- und Uferpromenaden laden im Gegensatz zu normalen Gehsteigen zum beschaulichen Spazieren ein; soziofugale Sitzanordnungen, bei denen Menschen beispielsweise Rücken an Rücken im Kreis sitzen, lassen keine Gespräche zu und eignen sich dort, wo diese auch nicht erwünscht sind; eine rechteckige Tischformation in einem Besprechungsraum lässt im Gegensatz zu runden Formationen auf Hierarchien unter den Gesprächsteilnehmenden schließen und strukturiert dementsprechend auch die Diskussionsform; die Ausrichtung der Schultische zur Lehrperson lässt nur einen Frontalunterricht und keinen Gruppenunterricht zu usw.

Die Untersuchungsmethode der Wahl war für Barker die systematische Verhaltensbeobachtung von Menschen und Menschenkollektiven in ihren natürlichen Umgebungen. Dazu richtete er sogar spezielle Feldbeobachtungs-Stationen ein, von denen aus Wissenschaftler:innen verdeckt das Verhalten der Menschen in den jeweiligen Umgebungen systematisch beobachten konnten. Er bezeichnete seine Methode als „Verhaltensstromanalyse". Inspiriert wurde er dazu von der vergleichenden Verhaltensforschung, die in den 1930er-Jahren von Konrad Lorenz und Nikolaas Tinbergen begründet wurde und das Verhalten von Tieren in ihrem natürlichen Habitat systematisch erforscht.

1.5 Neuere Entwicklungen in der Psychologie und ihre Bedeutung für die Umweltpsychologie

Evolutionspsychologie

Die Evolutionspsychologie zählt zu den neueren Ansätzen in der Psychologie, die sich als eigenständige Strömung der Psychologie ab den 1970er-Jahren entwickelte (Barkow et al., 1992). Viele Reaktions- und Verhaltensweisen, die in prähistorischen Zeiten an die Umweltbedingungen angepasst waren, und die sich über Jahrtausende manifestierten und den evolutionären Erfolg des Menschen mitbegründet haben, erweisen sich in der heutigen Umwelt als fehlangepasst. In dieser Fehlanpassung können z. B. viele der sogenannten Zivilisationskrankheiten begründet sein, wie etwa Stoffwechselerkrankungen durch Fehlernährung. Unser Appetit auf Süßes, Salziges und Fettes und die wenig ausgeprägte Neigung, Verzicht zu leisten, sind unserem evolutionsbiologischen Erbe geschuldet. Für die Jäger und Sammler war es schwer, an das lebensnotwendige Salz zu kommen. Ebenso waren Energiespender wie süßes Obst und fettreiches Fleisch eher selten in der Natur zu finden. Der Appetit darauf war daher groß und der Verzicht wäre keine gute Überlebensstrategie gewesen. Heute ist der körperliche Energieverbrauch in der Regel gering, die Energieaufnahme dagegen hoch. Die Folge ist eine unausgeglichene Energiebilanz.

Auch die Tatsache, dass wir bestimmte Landschaftsformen als angenehm und einladend empfinden, andere als wenig anregend und wieder andere als bedrohlich wahrnehmen, könnte zu einem gewissen Anteil in unserem evolutionären Erbe begründet sein.

Systemtheorien und das Verstehen von Komplexität

Umwelt ist ein Beziehungsgeflecht verschiedener Faktoren. Der Mensch ist einer der Faktoren, dessen Einfluss angesichts des exponentiellen Wachstums der Weltbevölkerung und der technischen Entwicklungen, der Globalisierung und der politischen Dynamik immer komplexer und unvorhersehbarer wird. Exponentielles Wachstum, nichtlineare Prozesse und Systemzusammenhänge verschließen sich dem intuitiven Verständnis.

Unter „System" wird eine dynamisch organisierte Ganzheit verstanden, deren Teile bzw. Elemente wechselseitig aufeinander wirken. Diese dynamische Wechselwirkung hat zur Folge, dass sich die Einwirkung auf einen Teil des Systems auch auf das Verhalten der anderen Teile und des Gesamtsystems auswirkt. Linearkausale Zusammenhänge, bei denen kleine Ursachen mit kleinen Wirkungen und großen Ursachen mit großen Wirkungen einhergehen, gelten hier nicht uneingeschränkt: Je nach Systemzustand können auch relativ große Einwirkungen wieder ausgeglichen werden, während in einem anderen Systemzustand nahe der Instabilität eine geringe Einwirkung sehr große Folgen haben kann. Für diese nichtlinearen Zusammenhänge ist die Metapher des „Schmetterlingseffektes" populär geworden, die auf den Meteorologen Edward N. Lorenz (1917–2008) zurückgeht. Vorhersagbarkeit ist in nichtlinearen Systemen, zu denen das Wetter und das Klimageschehen zählen, oft nur schwer möglich, da in instabilen Zuständen ein kleiner Tropfen das Fass – dem Sprichwort folgend – zum Überlaufen bringen und zu Systemzusammenbrüchen führen kann. Ist beispielsweise die Schneedecke auf den Bergen stabil, d. h. die Schneekristalle sind fest miteinander verbunden, können Skifahrerende darüberfahren, ohne dass etwas passiert. Bei instabiler Schneedecke dagegen können bereits die Schallwellen eines lauten Geräuschs eine Lawine auslösen. Das System stand in diesem Fall „auf der Kippe". Wenn ein solcher Kipppunkt überschritten wird, gibt es kein Halten mehr: Das System strukturiert sich komplett um (Kriz, 1999).

Dieses für den Menschen kontraintuitive Verhalten nichtlinearer dynamischer Systeme kennt man in der Klimaforschung, und die damit verbundenen Bedrohungsszenarien werden oft in den Medien beschrieben. Tückisch für das Verständnis dieses Geschehens ist, dass bis zum unmittelbaren Erreichen des Kipppunktes die Welt halbwegs normal aussieht, und dann alles sehr schnell geht. Es gleicht dem Seerosen-Rätsel: Eine Seerose verdoppelt jeden Tag ihre Fläche auf einem Teich. Einen Tag, bevor sie den Teich ganz bedeckt hat, ist der Teich zur Hälfte bedeckt. Der Teich sieht noch „halbwegs" in Ordnung aus. Einen Tag später ist der Teich zur Überraschung aller ganz zugewachsen. Auch solche exponentiellen

1.5 Neuere Entwicklungen in der Psychologie und ihre Bedeutung für die ...

Wachstumsprozesse, bei denen aus kleinen Anfängen erst langsam und dann innerhalb kurzer Zeit enorme Größenordnungen erreicht werden, sind intuitiv nicht gut zu verstehen (sonst wäre das Seerosen-Rätsel kein Rätsel). Exponentielle Veränderungsprozesse zeigen sich auch deutlich bei der Gletscherschmelze im Gebirge. Wenn durch die zunehmende Erwärmung die Schneedecke auf der Eisoberfläche schmilzt, bilden sich dunkle Schmelzwassertümpel, die einen Großteil der Wärme absorbieren und damit das Abtauen des Eises beschleunigen. Wegen des immer mehr abnehmenden Weißanteils (Albedo) der Oberfläche kommt es zu einer Verringerung der Rückstrahlung und einer Zunahme der Bodenerwärmung. Dies ist ein Selbstverstärkungsprozess, der als Albedo-Rückkopplungsprozess bezeichnet wird. Menschen wundern sich oft, wie schnell diese Prozesse voranschreiten. Es ist auch eine Aufgabe der Psychologie, die diesbezüglichen Beschränkungen des intuitiven Denkens aufzudecken und beispielsweise der Aufklärung über Klimaveränderungen zugänglich zu machen.

2 Psycho-soziale und gesundheitspsychologische Wirkungen der Umwelt auf den Menschen

Dieses Kapitel umfasst die allgemein- und wahrnehmungspsychologisch geprägte Perspektive der Umweltpsychologie und beschäftigt sich mit psycho-sozialen und gesundheitspsychologischen Wirkungen der Umwelt auf den Menschen. Hierzu werden zunächst die Wirkungen natürlicher Umwelten auf den Menschen betrachtet, wobei auch Unwetter und Katastrophen einbezogen werden. Anschließend werden die Wirkungen von Landschaft und Natur auf den Menschen behandelt, gefolgt von Raum und gebauter Umwelt. Im letzten Teilkapitel werden Umweltbelastungen mit einem Schwerpunkt auf Lärm dargestellt.

2.1 Wirkungen natürlicher Umwelten auf den Menschen

Wetter und Klima

Wetter und Klima sind Faktoren der natürlichen Umwelt. Unter natürlicher Umwelt verstehen wir diejenigen Umweltbereiche, die vorrangig dem Naturgeschehen zugeordnet werden können, und nicht Teil der technischen und gebauten Umwelt sind. Dass der Mensch aufgrund seiner technischen Möglichkeiten und des Bevölkerungswachstums zunehmend in das Naturgeschehen eingreift, ist Teil des Umweltproblems.

Unter Klima versteht man das an einem bestimmten Ort auf der Erde durchschnittliche Wettergeschehen, das über einen längeren Zeitraum – definitionsgemäß 30 Jahre – zu beobachten ist. Klima ist also eine statistische Größe. Mit Wetter bezeichnet man dagegen aktuelle, kurzfristige Änderungen im unteren Bereich der

Atmosphäre, der sog. Troposphäre, die als Sonnenschein, Bewölkung, Wind, Regen, Schnee, Hitze, Kälte usw. wahrnehmbar sind. In den gemäßigten Zonen Mitteleuropas ändert sich das Wetter im Durchschnitt alle fünf Tage. Es gibt kaum Umweltfaktoren, die einen größeren Einfluss auf den Menschen ausüben als Wetter und Klima. Das Wetter zwingt uns tagtäglich zu bestimmten Verhaltensweisen, um uns vor Regen, Wind und Sonneneinstrahlung zu schützen. Das Klima ist entscheidend für die Vegetation und die Natur, in der wir leben (Klimazonen).

Wärme und Kälte

Um sich wohlzufühlen, benötigt der Mensch eine Temperatur von ca. 28 °C auf der Hautoberfläche, die er abhängig von der Außentemperatur durch geeignete Wahl der Kleidung und durch Klimatisierung von Räumen erzielt.

Um das Wohlbefinden der Menschen unter den Bedingungen des Klimas und Wetters zu gewährleisten, ist ein erheblicher Energieaufwand für die Beheizung und Kühlung von Innenräumen erforderlich. Neben der Energie, die zur Befriedigung der Mobilitätsbedürfnisse der Menschen benötigt wird, trägt dieser Energieverbrauch maßgeblich zur Ausbeutung nicht erneuerbarer Energiequellen bei und ist durch den damit verbundenen Kohlendioxid- und Schadstoffausstoß auch ein wesentlicher Faktor für Klimaveränderungen. Die Umstellung auf regenerative Energiequellen (v. a. Wind- und Sonnenenergie) mindert gleichzeitig die gesundheitlichen Risiken, die durch den Schadstoffausstoß (Feinstaub) von Kohlekraftwerken entstehen. Sie reduziert zudem das Risiko, dass es zur größten Umweltkatastrophe überhaupt kommen kann, nämlich zu einem Super-GAU eines Kernkraftwerkes. Die Transformation des Energiesystems hin zu erneuerbaren Energien ist daher ein vordringliches Ziel der Umweltpolitik. Die Umweltpsychologie kann dazu beitragen, energiekonsumtive Einstellungen und Verhaltensweisen der Menschen zu ergründen und im Sinne einer möglichst nachhaltigen Energienutzung zu ändern.

Wetter, Licht und Stimmung

Jeder Mensch hat schon erlebt, wie sich das Wetter auf die Stimmung und das Wohlbefinden auswirken kann. Bei sonnigem Hochdruckwetter hebt sich die Stimmung, und wir fühlen uns tatkräftig und leistungsfähig. Bei Tiefdruck, Regentagen oder nebligem Wetter sind wir hingegen häufig niedergeschlagen und übellaunig. Licht spielt dabei eine entscheidende Rolle. Der verminderte Lichteinfall im Herbst

2.1 Wirkungen natürlicher Umwelten auf den Menschen

und im Winter ist die Hauptursache für die sogenannte saisonale affektive Störung (Seasonal affective disorder, SAD) – einer depressiven Verstimmung, für die manche Menschen besonders anfällig sind. Ausschlaggebend ist die Ausschüttung des Schlafhormons Melatonin, die durch das Licht reguliert wird.

Manche Menschen reagieren empfindlich auf Wetterveränderungen mit Befindlichkeitsstörungen, Kopfschmerzen, Stimmungsschwankungen und mentalen Leistungsbeeinträchtigungen, insbesondere wenn sich Gewitter ankündigen. Man bezeichnet dieses Phänomen als wetterbedingten neurotropen Wirkungskomplex (alltagssprachlich Wetterfühligkeit). Die genauen kausalen Bedingungen sind nicht bekannt. Bei Gewittern hängen diese Befindlichkeitsstörungen möglicherweise mit atmosphärischen Impulsstrahlungen (Spherics) zusammen.

Hitze

Im Zusammenhang mit der Klimakrise rückt vor allem Hitze in den Fokus der Umweltpsychologie. Die Temperatur-Komfortzone des Menschen liegt zwischen 23 und 27 °C. Ab einer Umgebungstemperatur von ca. 29 °C empfinden wir Hitze als belastend und reagieren gereizt. Das sympathische Nervensystem wird aktiviert und versetzt den Organismus in einen Alarmzustand. Er muss gegenregulieren, um die Kerntemperatur von 36 °C und den Wasserhaushalt konstant zu halten. Bei hoher Hitze wird vermehrt das diuretische Hormon Vasopressin ausgeschüttet, das hilft, die Flüssigkeit im Körper zu halten. Vasopressin scheint auch, wie zumindest Tierversuche zeigen, das soziale Verhalten zu modulieren und eine Rolle bei der Auslösung aggressiven Verhaltens zu spielen.

Starke und anhaltende Hitze erhöht die Aggressionsbereitschaft, wie Daten aus der Kriminalstatistik, insbesondere aus den USA, zeigen (Anderson et al., 2000). Nachdem in den letzten Jahren die Hitzetage aufgrund des Klimawandels deutlich zugenommen haben, wird auch hierzulande die Hitze-Aggressionstheorie verstärkt in den öffentlichen Medien diskutiert.

Gegen Hitze anzukämpfen, kostet den Körper viel Energie. Dies macht müde und reduziert nicht nur das körperliche, sondern vor allem auch das mentale Leistungsvermögen. Auch Schlafmangel und schlechte Schlafqualität aufgrund zu geringer Abkühlung während der Nacht wirken sich nachteilig auf die Aufmerksamkeit und das mentale Leistungsvermögen am Folgetag aus und können daher auch die Unfallgefahr erhöhen.

Hitze ist eine ernste Umweltbelastung, die Menschenleben kostet. In Deutschland starben im heißen Sommer 2018 über 8000 (vorwiegend ältere) Menschen an der Hitze. Im weniger heißen Sommer 2023 kam es zu mehr als 3000 hitzebedingten

Sterbefällen. Warn-Apps des Deutschen Wetterdienstes und entsprechenden Verhaltensempfehlungen sind daher von großer Bedeutung.

Unwetter und Katastrophen

Durch die Erderwärmung (vor allem der Meere) steigt das Risiko für extreme Wetterereignisse. In den letzten Jahren hat die Zahl der Überschwemmungen in Städten und Dörfern aufgrund von Starkregen deutlich zugenommen, was zu enormen Schäden geführt und leider auch Menschenleben gekostet hat. Dafür sind aber nicht nur Klimaveränderungen die Ursache, sondern auch unverantwortliche Baugenehmigungen in Hochwasserrisiko- oder Lawinenrisikogebieten, Bodenversiegelung und fehlender Hochwasserschutz. Für vorbeugendes Verhalten und Schutzverhalten sind Warnsysteme (Unwetterwarn-Apps) sehr wichtig. Warnungen sind sensibel zu handhaben. Die adäquate Warnkalibrierung ist wichtig. Gibt es z. B. viele Falschalarme, besteht die Möglichkeit, dass Alarme künftig häufiger ignoriert werden. Psychologische Expertise ist auch gefragt, um Menschen angemessen auf mögliche Umweltkatastrophen vorzubereiten (Katastrophenschutz-Übungen).

Das Verhalten von Menschen im Zusammenhang mit Katastrophen, seien es Unwetterkatastrophen oder technische Katastrophen, muss unter drei Zeitaspekten betrachtet werden: vor der Katastrophe, während der Katastrophe und nach der Katastrophe. Vor der Katastrophe bestimmen Einschätzung der Gefahr, Risikobeurteilung und darauf aufbauende Vorsorgemaßnahmen das Verhalten. Dabei spielen Erkenntnisse aus der psychologischen Forschung über kognitive Täuschungen eine große Rolle. Hierbei handelt es sich um systematische Beurteilungsfehler, beispielsweise durch unverhältnismäßig hohes Vertrauen in die eigene Urteilskraft. Beim Hurrikan „Katrina" 2005 in den USA war dies der Fall. Viele unterschätzten die Gefahr im Vertrauen auf ihre eigene Urteilskraft und nahmen die empfohlenen Vorsorgemaßnahmen nicht ernst. Diese „Overconfidence" begegnet uns leider immer wieder bei Katastrophen, mit z. T. verheerenden Folgen. Nach einer Katastrophe finden sich viele Menschen, oft auch verantwortliche Politikerinnen und Politiker, die behaupten – und auch davon überzeugt sind – sie hätten es ja gleich gesagt, dass es dazu kommen musste, obwohl sie es nachweislich nicht gesagt haben. Dieser Rückschaufehler (Hindsight-bias) verhindert eine kritische Auseinandersetzung mit der vorherigen Falscheinschätzung. Während der Katastrophe dominieren Stress und emotionale Reaktionen. Kurz nach einer Umweltkatastrophe kommt daher der psychosozialen Notfallversorgung eine wichtige Rolle zu. Mit etwas größerem zeitlichen Abstand können posttraumatische Belastungsstörungen auftreten, die einer professionellen Behandlung bedürfen (vgl. z. B. Butollo & Hagl, 2003). Nach einer Katastrophe werden meist die Schutzmaßnahmen, deren Wirkung man vor der Katastrophe falsch eingeschätzt hatte, verstärkt. Die Folge ist häufig, dass sich der sog. *Dammeffekt* einstellt. Der besagt bildlich, dass die „Dämme" zur Abwehr einer Katastrophe in der Wahrnehmung der Menschen nun höher gebaut sind. Die Menschen fühlen sich jetzt sicherer und eingelullt, obwohl niemand ganz sicher sein kann, auf welche Weise und wie stark das nächste Unwetter ausfallen wird (vgl. auch Böhm, 2008).

Zur Umwelt gehören auch technische Einrichtungen und das Risiko technischer Umweltkatastrophen. Diese unterscheiden sich von Naturkatastrophen dadurch, dass für deren Verursachung immer Menschen verantwortlich gemacht werden können, aufgrund von Planungs- oder Konstruktionsfehlern, Bedienfehlern oder wegen Fehlern und Nachlässigkeiten bei der Wartung einer technischen Anlage. Bei einer Naturkatastrophe kann man Menschen nur bedingt zur Verantwortung ziehen (z. B. wegen mangelnder Vorsorge oder Fehlverhalten bei Warnungen), bei technischen Katastrophen dagegen immer. Bestehende oder fehlende Möglichkeiten der Schuldzuweisung können sich auch auf die psychologische Verarbeitung einer Katastrophe auswirken.

2.2 Landschaft und Natur

Landschaft

Unter Landschaft verstehen wir einen bestimmten Bereich der Erdoberfläche, der sich hinsichtlich seines Bodenreliefs, seiner Klima- und Vegetationsmerkmale sowie seiner Tierwelt von anderen Bereichen unterscheidet. Natürliche Landschaften, die sich gänzlich ohne Einfluss des Menschen entfaltet haben, wurden im Verlauf weniger Jahrtausende stark dezimiert. Natürliche Landschaften bieten jedoch Heimat für zahlreiche Ökosysteme und Lebensräume, und damit für eine reiche Artenvielfalt einschließlich vieler Pflanzen- und Tierarten, die anderswo selten oder in ihrem Bestand bedroht sind.

Das evolutionäre Erbe des Menschen und seine Anpassung an die Umwelt reichen weit in prähistorische Zeiten zurück und spielen bei der Bevorzugung bestimmter Landschaftsformen und natürlicher Umgebungen neben individuellen Erfahrungen eine gewisse Rolle. Landschaften, die gut überschaubar und verstehbar sind und zur Exploration anregen, werden gegenüber komplexen und wenig kohärenten Landschaften präferiert. Die Bevorzugung savannenähnlicher Landschaften mit leichten Hügeln, Baumgruppen und Wasserstellen verweist auf die evolutionäre Adaptation während der Hominisation in der ostafrikanischen Savannenlandschaft (*Savannen-Hypothese*, Orians, 2007), die Ausblicke und Rückzugsorte bietet (*Prospect-refuge-Hypothese*, Appleton, 1996). Umweltpsychologische Forschungsergebnisse zu Landschaftspräferenzen sind für die Gestaltung von Landschaften und Parks von Bedeutung. Auch der salutogenetische Aspekt von Landschaften ist ein Thema umweltpsychologischer Forschung. Ausblicke in die Natur steigern die Arbeitszufriedenheit, und das (Spazieren-)gehen und Wandern wirken sich nicht nur durch die Bewegung gesundheitsfördernd auf den Körper aus, sondern auch auf die Psyche und die mentale Verfassung, und zwar dadurch, dass man die Aufmerksamkeit frei schweifen lassen kann. In der Stadt dagegen ist die Aufmerksamkeit aufgrund der Reizvariabilität und -komplexität stets in Anspruch genommen. Daher ist das Gehen in der Stadt mental ermüdend und der Aufenthalt in der Natur entlastend und erholsam (*Attention-restoration-Theorie*, Gehring & Maes, 2010; Kaplan & Kaplan, 1989).

Natur

Auch die Liebe zur Natur und zu allem Lebendigen gilt als eine evolutionäre Adaptation, die unter dem Begriff *Biophilie* bekannt geworden ist (Wilson, 1984). Gartenkultur, Blumenschmuck, die Haltung von Haustieren sowie die Attraktivität von Tiergärten zeugen davon, wie wichtig uns Menschen die Nähe und die Beziehung zur Natur und zum Lebendigen ist. Die Nähe zur Natur, beispielsweise beim Wandern, der Naturbeobachtung und bei der Pflege eines Gartens, entfaltet ebenfalls eine salutogenetische Wirkung (Howell & Passmore, 2013; Zieris et al., 2023).

2.3 Wirkungen von Raum und gebauter Umwelt auf den Menschen

Räume

Unter Räumen sind baulich umschlossene Teile innerhalb eines Gebäudes zu verstehen, aber auch Plätze in einer Stadt und sozial verbundene Teile einer Siedlung wie Nachbarschaften. Räume sind im psychologischen Sinne mehr als reine zwei- oder dreidimensionale bauliche „Gebilde". Räume und Gebäude sind vielmehr unter funktionalen und ästhetischen Gesichtspunkten planvoll zueinander in Beziehung gebracht. Räume sind in Wohn- und Arbeitsräume gegliedert, Gebäude und Plätze in Siedlungen, Dörfern und Städten angeordnet, die durch Wege und Straßen miteinander verbunden sind. Häuser und Räume zeichnen sich durch sinnhafte Strukturen aus, die das Verhalten und Handeln der Menschen gestalten und reflektieren. Diese Strukturen zu verstehen und sich darin zurechtzufinden, ist auch ein Teil des kulturellen Erbes.

Städte, Siedlungen und Kognitive Karten

Der Begriff *Kognitive Karte* ist, wie bereits eingangs erläutert, nicht nur in der Psychologie bekannt, sondern wird auch in der Humangeografie und in der Stadtplanung benutzt. Aufgrund tierpsychologischer Experimente zum Wegefinden im Labyrinth kam man bereits in den 1940er-Jahren darauf, dass die Versuchstiere (Laborratten) eine Art „Landkarte" des Labyrinths in ihrem Gedächtnis abgespeichert hatten. Unter einer kognitiven Karte versteht man somit eine mentale Repräsentation, d. h. eine mentale Abbildung räumlich angeordneter Gegebenheiten. Dies können geografische Anordnungen sein, also die mentale Repräsentation eines Ortes, einer Stadt oder eines Stadtteils mit Straßen, Geschäften und Häusern, eines Universitätscampus etc. oder aber auch einer geografischen Karte, also einer Landkarte oder eines Stadtplans.

Kognitive Karten entstehen während des Prozesses der Auseinandersetzung mit der räumlichen Umwelt bzw. beim Versuch, sie zu verstehen. Dies ist der Fall, wenn wir uns den Weg zum Bahnhof einprägen, bei einer Einkaufstour die Innenstadt erkunden, uns bei einer Taxifahrt in einer fremden Stadt orientieren oder bei der Urlaubsplanung eine Land- bzw. Straßenkarte studieren. Kognitive Karten sind visuell-räumlich vorgestellte Abbilder der realen räumlichen Umwelt. Sie werden im visuell-räumlichen Arbeitsgedächtnis aktiviert.

Kognitive Karte entsprechen nicht maßstabsgetreu der Wirklichkeit, manches wird ausgelassen, anderes ergänzt. Es zeigen sich auch systematische Verzerrungen gegenüber der Wirklichkeit, bei denen man Akzentuierungen (Überbetonungen) und Assimilationen (Angleichungen) unterscheiden kann. Das eigene Wohnumfeld wird häufig überproportional groß erinnert. Straßenkrümmungen werden stärker als in der Realität oder aber, wenn sie nur schwach ausgeprägt sind, begradigt wiedergegeben, kleine Gebäude werden weggelassen und große vergrößert. Der Sinn dieser Verzerrungen kann darin gesehen werden, einer Person entsprechend ihrer Erfahrungen und Bedürfnisse eine schnelle Orientierung zu ermöglichen.

Der Stadtplaner Kevin Lynch hat die wesentlichen Merkmale identifiziert, die das mentale Abbild der Stadt („The image of the city") prägen (Lynch, 1960). Diese sind wie folgt:

- Wege (paths), die gemeinsam genutzt werden, wie Straßen und Fußwege,
- Begrenzungen (edges), wie z. B. Wände von Gebäuden, Flussufer,
- Stadtteile (districts), die sich durch eine bestimmte Charakteristik auszeichnen,
- Knotenpunkte (nodes), wie markante Plätze mit charakteristischen Aktivitäten, z. B. Straßenkreuzungen und Verkehrsknotenpunkte,
- besondere Orientierungspunkte (landmarks), wie z. B. herausragende Gebäude, Kirchen oder Denkmäler.

Diese Merkmale erleichtern einem Individuum die Vorstellung der örtlichen Struktur einer Stadt. Dies hilft bei der Orientierung und festigt die Vertrautheit mit der Stadt bzw. dem Stadtviertel und fördert unter Umständen das Heimatgefühl.

Räume zum Wohnen, Arbeiten und Lernen

Räume, in denen Menschen wohnen, arbeiten und lernen, haben eine wesentliche Bedeutung für das physische und psychische Wohlbefinden (Flade, 2020; Harloff et al., 2010). Sie beeinflussen das Verhalten und die sozialen Interaktionen der Menschen in vielfältiger Weise. Ob zu Hause, im Büro oder in Bildungseinrichtungen – die Architektur, Raumaufteilung und atmosphärische Gestaltung dieser Orte spielen eine zentrale Rolle dabei, wie sich Individuen in diesen Räumen fühlen und agieren, aber auch, welche Bindung sie zu ihnen entwickeln (Fuhrer, 2008). Die Balance zwischen Funktionalität, Ästhetik und individueller Anpassung ist entscheidend, um Räume zu schaffen, die nicht nur den Anforderungen des Alltags gerecht werden, sondern auch eine positive psychologische Wirkung auf ihre Nutzer:innen ausüben:

Farben, Texturen und Materialien tragen nicht nur zur optischen Wahrnehmung bei, sondern wirken auch auf emotionaler und psychologischer Ebene (Flade, 2020). Die Anordnung von Möbeln und anderen Einrichtungsgegenständen beeinflusst das Raumempfinden ebenfalls stark. Eine klare, übersichtliche Struktur hilft dabei, sich zu orientieren und den Raum sinnvoll zu nutzen. Hingegen können überfüllte oder chaotische Räume das Gefühl von Enge und Stress verstärken. Auch die Größe des Raumes im Verhältnis zur Anzahl der Menschen ist entscheidend: Überfüllte Räume können das Gefühl von Enge und Stress verstärken, während großzügige Räume, die jedoch nicht zu leer wirken, das Gefühl von Freiheit und Komfort fördern.

Es gibt drei Konzepte, die in diesem Zusammenhang besonders wichtig sind und nachfolgend erläutert werden: Crowding, Personal Space und Territorialität.

Crowding

Dies beschreibt das Erleben von Beengung oder Überfüllung, verbunden mit Stress und Belastung. Man unterscheidet dabei räumliche Dichte (z. B. durch Verkleinerung eines Raumes) und soziale Dichte (mehr Menschen im gleichen Raum), wobei letztere das subjektive Erleben stärker beeinflusst. Die Forschung zu Crowding begann mit Tierexperimenten wie dem „Ratten-Universum" von Calhoun (1962), das zeigte, dass extreme Populationsdichte zu sozialem Zusammenbruch führt. Auf den Menschen übertragen führt Crowding zu Rückzug, geringerer sozialer Interaktion und einem erhöhten Krankheitsrisiko. Es beeinträchtigt auch die Arbeitsleistung und das Lernen in überfüllten Umgebungen.

Die Effekte werden durch unterschiedliche Crowding-Stressmodelle erklärt, die sich teilweise überlappen bzw. einander ergänzen:

1. Das Reizüberlastungsmodell besagt, dass zu viele soziale Reize die Informationsverarbeitung überfordern, was zu Rückzug oder dem Aufbau visueller Barrieren führt.
2. Das Behavior-Constraint-Modell betont die Einschränkung von Verhaltensmöglichkeiten, was aversive Reaktionen und Stress auslöst.
3. Das ökologische Modell beschreibt Crowding als Überbesetzung eines Settings, was zu Konkurrenz um Ressourcen und sozialem Ausschluss führen kann.

Personal Space

Enge kann Stress erzeugen, insbesondere, wenn der persönliche Raum (Personal Space) von anderen Personen überschritten wird. Der Personal Space bezeichnet den unsichtbaren Bereich um eine Person herum, in dem sie sich sicher und ungestört fühlt. Wird dieser Raum verletzt – etwa in überfüllten Arbeits- oder Lernumgebungen oder durch eine ungünstige Anordnung der Möbel –, kann dies zu Unbehagen und einem erhöhten Stressempfinden führen. Je enger der Raum ist oder je mehr andere Personen anwesend sind, desto höher ist die Wahrscheinlichkeit, dass sich das Individuum in seiner Bewegungsfreiheit eingeschränkt fühlt und dies als belastend wahrnimmt. Gleichzeitig kann Enge jedoch auch als emotional anregend erlebt werden, z. B. bei einer Feier oder einem Konzert. Entscheidend hierfür sind die Stimmungslage und das Gefühl gegenüber den Interaktionspartner:innen. Zudem spielt es in diesem Fall auch eine wichtige Rolle, dass die Situation frei gewählt wurde.

Territorialität

Sie beschreibt das Bedürfnis von Individuen, bestimmte Bereiche als eigene, schützenswerte Zonen zu definieren und zu kontrollieren. Dies kann sich sowohl in Arbeits- als auch in Lernumgebungen zeigen, in denen Menschen bestrebt sind, sich einen festen Arbeitsplatz oder eine persönliche Ecke zu sichern. Wenn diese Möglichkeit zur Markierung oder Kontrolle eines Territoriums eingeschränkt ist – etwa durch geteilte Arbeitsräume, flexible Sitzordnungen oder unklare Raumstrukturen –, kann dies das subjektive Wohlbefinden und die Leistungsfähigkeit negativ beeinflussen. Eine klare territoriale Zuordnung in Räumen schafft dagegen ein Gefühl der Sicherheit und Kontrolle, was sich positiv auf die Zufriedenheit und Produktivität der Nutzer:innen auswirken kann.

Wohnräume

Sie sind mehr als nur funktionale Bereiche zum Schlafen oder Ausruhen. Sie sind Rückzugsorte, die Geborgenheit und Sicherheit bieten. Die Gestaltung eines Wohnraums – sei es durch Möbel, Farben, Licht oder Raumaufteilung – hat direkten Einfluss auf das Wohlbefinden der Bewohner:innen (zum Überblick: Flade, 2020). Räume lassen sich so gestalten, dass sie Handlungsspielräume eröffnen und ein Gefühl von Kontrolle und Identität stärken (Eisenhardt, 2008). Zwei Beispiele können die Wirkung auf das psychische Wohlbefinden illustrieren (Eisenhardt, 2008):

- Höhere Decken können das Gefühl von Freiheit und Offenheit fördern, während niedrige Decken oft als beengend empfunden werden.
- Auch die Position innerhalb eines Raumes spielt eine Rolle: Personen, die sich in der Nähe von Wänden oder in Ecken aufhalten, fühlen sich häufig sicherer und geborgener als diejenigen, die sich in der Mitte eines Raumes befinden.

Darüber hinaus können die individuelle Gestaltung und Möblierung, der Zugang zu Licht und frischer Luft sowie geringe Lärmbelastung das Wohlbefinden steigern (Flade, 2020).

Arbeitsräume

Arbeitsräume sollten nicht nur funktionalen Anforderungen genügen, sondern auch eine angenehme und produktive Umgebung bieten, denn sie erfüllen wie jede gestaltete Umwelt Primär- und Sekundärfunktionen. Eine gute Gestaltung des Arbeitsraumes kann die Effizienz steigern und gleichzeitig das Wohlbefinden der Mitarbeitenden verbessern (zum Überblick: Becker et al., 2022). Dabei spielen verschiedene Faktoren eine Rolle: vom ergonomischen Mobiliar über ausreichende Beleuchtung (idealerweise mit ausreichendem Tageslicht oder mindestens sorgfältig geplanter künstlicher Beleuchtung), Lärmschutz und Einhaltung aller Arbeitssicherheitsmaßnahmen bis hin zur Anordnung des Arbeitsplatzes im Gesamtkontext der Organisation. Vor allem letztere hat viel Forschung befördert, etwa bei der Diskussion um Großraumbüros oder um flexible Open-Space-Konzepte. An diesem Beispiel lässt sich die Vielschichtigkeit der Forschung illustrieren (Arnold, 2020): Eine gut durchdachte räumliche Organisation, die den Bedürfnissen der Nutzer:innen entspricht, erhöht die Zufriedenheit und kann sich positiv auf die Leistung auswirken. Offene Bürostrukturen bieten zwar die Möglichkeit zur spontanen Kommunikation und Zusammenarbeit, können jedoch durch Lärm und visuelle Ablenkungen die Konzentrationsfähigkeit beeinträchtigen. Um diesen negativen Effekten entgegenzuwirken, sollten ruhige Zonen für konzentriertes Arbeiten sowie abgetrennte Bereiche für Besprechungen geschaffen werden. Akustische Maßnahmen, wie schalldämpfende Materialien oder Trennwände, können ebenfalls zur Verbesserung der Arbeitsatmosphäre beitragen. Im Idealfall besteht die Möglichkeit, unterschiedliche Räume für unterschiedliche Bedürfnisse zur Verfügung zu stellen. So fördern Räume, die es ermöglichen, zwischen konzentrierter Einzelarbeit und kollaborativen Tätigkeiten zu wechseln, die Flexibilität und Kreativität der Mitarbeitenden. Wichtig ist, das Bedürfnis nach einem „persönlichen Bereich" zu berücksichtigen, der möglicherweise sogar darauf beschränkt sein kann, den Schreibtisch, der für eine gewisse Zeit zur Verfügung steht, mit eigenen Gegenständen zum „eigenen Schreibtisch" werden zu lassen.

Lernräume

Lernräume sind Umgebungen, die Konzentration und Kreativität gleichermaßen fördern sollten. Wie bei den Arbeitsräumen hängt die Effektivität eines Lernraums stark von der Gestaltung und Ausstattung ab (zum Überblick: Koltermann & Kretzschmar, 2023). Entsprechend spielen auch ähnliche Faktoren eine Rolle, wie

z. B. die richtige Anordnung von Lernplätzen und Stühlen. Mobile Möbel oder anpassbare Sitzordnungen ermöglichen es, die Räume je nach Lernaktivität schnell umzugestalten – sei es für Gruppenarbeit als kooperatives oder für Einzelaufgaben als individuelles Lernen. Diese Anpassungsfähigkeit trägt dazu bei, den Lernprozess zu unterstützen und den Bedürfnissen der Lernenden gerecht zu werden. Darüber hinaus ist die Umsetzung lärmdämpfender Maßnahmen wie schalldämmende Materialien oder Raumteiler, eine gut durchdachte Beleuchtung sowie der Einbezug von Elementen der Natur hilfreich.

Auch hier können zwei Beispiele zu natürlichen Elementen die psychische Wirksamkeit der Gestaltung von Lernräumen illustrieren:

- Licht hat für die Gestaltung von Lernräumen eine besondere Bedeutung (Werth et al., 2013). Eine gut durchdachte Beleuchtung, insbesondere der Zugang zu natürlichem Licht, trägt dazu bei, Ermüdungserscheinungen zu reduzieren und die Aufmerksamkeit aufrechtzuerhalten. Natürliches Tageslicht trägt zur Produktion von Serotonin bei, einem Neurotransmitter, der eine positive Wirkung auf die Stimmung und die Lernatmosphäre hat. Wenn das Tageslicht nicht ausreicht, sollte die künstliche Beleuchtung so gestaltet sein, dass sie blendfrei und gleichmäßig ist, um eine angenehme Lernumgebung zu gewährleisten.
- Auch andere natürliche Elemente, wie der Blick auf Grünflächen oder der Zugang zu frischer Luft, können die Lernatmosphäre im Sinne der Biophilia-Hypothese positiv beeinflussen (Gaekwad et al., 2022; Kaplan, 1995). Diese Prinzipien werden gezielt in Lernräumen im Freien umgesetzt, wie z. B. beim Konzept des Waldkindergartens, der Verlagerung des Unterrichts in die Natur oder dem „Outdoor-Campus" an Universitäten.

2.4 Umweltbelastungen

Darunter sind im Folgenden technische und zivilisatorische Umweltfaktoren gemeint, die den Menschen physiologisch und psychologisch beeinträchtigen. Man kann energetische und stofflich-materielle Umwelt-Belastungsfaktoren unterscheiden. Zu den energetischen Umweltfaktoren zählen Schall und elektromagnetische Felder, Wellen und Strahlen. Materielle Umweltfaktoren sind chemisch-stoffliche Bestandteile der Atemluft, die man in Luftfremdstoffe (Stäube, Rauch, Gase) und – bei hoher Konzentration – in Luftschadstoffe unterteilt.

2.4 Umweltbelastungen

Energetische Umweltbelastungen: Lärm[1]

Unter Lärm versteht man unerwünschten Schall, der das Wohlbefinden des Menschen beeinträchtigt, indem er Tätigkeiten unterbricht (Interferenzkomponente), dadurch für Verärgerung sorgt oder gar wütend macht (emotionale Komponente) und physiologische Reaktionen (Ausschüttung von Stresshormonen) auslöst.

Das wichtigste Maß für die Bewertung des Lärms ist der A-bewertete Schalldruckpegel, welcher in der Einheit Dezibel [dB (A)] angegeben wird. A-Bewertung bedeutet, dass die sehr tiefen und sehr hohen Frequenzen weniger gewichtet werden als die mittleren (ca. 1000 bis 5000 Hz), weil das menschliche Gehör in den Randbereichen des hörbaren Frequenzspektrums (16 bis 16.000 Hz) unempfindlicher ist (zur quantitativen Erfassung des Lärms vgl. Maue, 2009). Die Schalldruckpegelmessung gibt jedoch in nur sehr begrenztem Maße Auskunft über die Wirkungen des Lärms.

Man unterscheidet aurale und extraaurale Lärmwirkungen. Unter auralen Lärmwirkungen versteht man vorübergehende und dauerhafte Hörbeeinträchtigungen. Sie kommen vor allem an Arbeitsplätzen mit hohem Schalldruckpegel vor, z. B. bei bestimmten Metall- oder Holzverarbeitungen, im Baugewerbe und beim Umgang mit lauten Maschinen etc. oder auch beim Hören von lauter Musik besonders über Kopfhörer. Umgebungslärm (Verkehrslärm, Baulärm), der aufgrund seiner Intensität und Dauer das Gehör schädigen könnte, kommt im Alltag so gut wie nicht vor. Beim Umgebungslärm spielen extraaurale Lärmwirkungen eine Rolle. Darunter versteht man solche, die zwar keine Hörschäden hervorrufen, aber psychologische, physiologische und auch sozio-ökonomische Wirkungen zur Folge haben.

Man kann die extraauralen Lärmwirkungen in akute, kumulative und chronische Wirkungen unterteilen:

Akute Lärmwirkungen: Akute Lärmwirkungen sind solche, die zeitgleich mit dem Lärm oder unmittelbar danach einsetzen. Dazu gehören Schreckreaktionen (startle reflex) und Orientierungsreflexe. Diese lenken die Aufmerksamkeit von einer Tätigkeit ab und leiten sie auf den Ort des Geschehens um, mit dem Ziel, die Informationsaufnahme durch Fokussierung der Aufmerksamkeit zu optimieren. Ferner gehören dazu Kommunikationsbeeinträchtigungen, da Lärm Nutzschall, wie Sprache oder Warnsignale, verdecken kann. Zu den akuten Lärmwirkungen zählen auch Einschlafstörungen und vorzeitiges Aufwachen. Die Beeinträchtigung

---

[1] Da Lärm in der umweltpsychologischen Wirkungsforschung eine herausragende Rolle spielt, soll das Thema hier ausführlicher behandelt werden. Die Darlegungen zum Thema Lärm folgen inhaltlich dem Lehrbuch „Umweltpsychologie" von Kals, Strubel und Hellbrück (2023). Zum genaueren Studium eignet sich Hellbrück & Guski (2018).

der Schlafqualität hat Folgen für Wohlbefinden und Leistungsfähigkeit am folgenden Tag.

Kumulative Lärmwirkungen: Als kumulativ bezeichnet man solche Lärmwirkungen, die sich im Verlauf der Lärmexposition aufbauen. Typischerweise zählen hierzu lärmbedingte Beeinträchtigungen von geistigen Aktivitäten, wie dem Verfassen oder Lesen von Texten. Der Ablauf ist typischerweise folgender: Zu Beginn der Lärmexposition kompensiert man die ablenkende Wirkung der Störreize durch erhöhte Anspannung und Konzentration. Mit der Zeit lässt die Energie jedoch nach, sodass es nicht mehr gelingt, die Störreize zu unterdrücken. Damit einher geht ein Gefühl der Belästigung und Verärgerung und in der Regel eine Beeinträchtigung der Leistung.

In Büros können Hintergrundgeräusche und Hintergrundsprechen schon bei niedrigen Schalldruckpegeln (55 dB(A) und weniger) Wohlbefinden und Leistung reduzieren, insbesondere die des verbalen Kurzzeitgedächtnisses. In Schulen sind viele Klassenräume in einem akustisch suboptimalen Zustand. Sie weisen häufig zu wenig schallabsorbierende Flächen auf, sodass die Nachhallzeiten oft deutlich länger als der in der DIN 18041 (2016) empfohlene Richtwert von 0,6 s sind. Dadurch bleibt der Schall – das Sprechen und alle Nebengeräusche, die in einem Klassenzimmer mit 20 und mehr Kindern entstehen – zu lange im Raum stehen. Dieser Lärm bewirkt eine Beeinträchtigung der Lautunterscheidung und damit der Klarheit der Sprache. Für Grundschulkinder, die das Lesen erlernen, ist dies ein großer Nachteil. Des Weiteren ergibt sich eine Art Selbstverstärkungseffekt für den Lärmpegel. Dadurch, dass es im Klassenzimmer lauter ist, ist auch die Lehrkraft gezwungen lauter zu sprechen (Lombardeffekt: reflektorische Anpassung der Stimmlautstärke an den Umgebungsschall). Die Klasse wird insgesamt unruhiger und das sozial-emotionale Klassenklima verschlechtert sich (Klatte et al., 2010).

Fluglärm und anderer Verkehrslärm, der von außen in Klassenzimmer eindringt, beeinträchtigt zusätzlich das Lesenlernen bei Grundschulkindern im Einzugsbereich von Flughäfen. Dies konnte in der NORAH-Studie („Noise-Related Annoyance, Cognition, and Health") gezeigt werden, eine der weltweit umfangreichsten Studien zu Wirkungen von Verkehrslärm (mit Schwerpunkt Fluglärm), die zwischen 2011 und 2015 im Rhein-Main-Gebiet durchgeführt wurde. Die Effekte waren mit ein bis zwei Monaten Leselernverzögerung bei lärmbelasteten Kindern im Vergleich zu unbelasteten Kindern moderat, aber statistisch gesichert (Klatte et al., 2016).

Chronische Lärmwirkungen: Bei Anwohner:innen lauter Straßen, viel befahrener Schienentrassen (z. B. Nord-Süd-Transversale Rotterdam – Genua) oder Personen, die in unmittelbarer Nähe von Flugplätzen wohnen, und die dem jeweiligen Lärm täglich über Jahre hinweg ausgesetzt sind, können sich chronische

2.4 Umweltbelastungen

Lärmwirkungen manifestieren. Einige epidemiologische Studien sprechen dafür, dass bei chronischer Lärmexposition mit einem Dauerschalldruckpegel von 65 dB(A) und mehr – dies ist bei ca. 16 % der deutschen Bevölkerung der Fall – ein höherer Medikamentenverbrauch zu verzeichnen ist, und auch das Risiko für Bluthochdruck und Herz-Kreislauf-Erkrankungen ansteigt (Babisch, 2006). Auf Dauer kann auch mangelnde Schlafqualität ein Gesundheitsrisiko darstellen, da Schlafmangel das Immunsystem schwächen kann.

In der NORAH-Studie konnte ein ursächlicher Zusammenhang von Verkehrslärm mit Herz-Kreislauf-Erkrankungen nicht eindeutig nachgewiesen werden. Deutliche Zusammenhänge zeigten sich aber zwischen Verkehrslärmbelastung und der Zunahme von Depressionen. Ein Überblick über die NORAH-Studie mit einer fachlichen Einschätzung ist als Broschüre beim Umweltbundesamt erhältlich (Bunz & Wothge, 2016).

Nach Studien der World Health Organization (WHO) gehen 25 % der Krankheitslast in Europa auf Umwelteinflüsse zurück. Nach Luftverschmutzung stellt Lärm das zweitgrößte umweltbedingte Gesundheitsrisiko dar (World Health Organization, 2011).

Belästigung durch Lärm: Der am häufigsten genannte Grund für Lärmbeschwerden ist das Gefühl der Lästigkeit (Annoyance) und damit einhergehend die Beeinträchtigung der Lebensqualität. Die Belästigung durch Lärm kann als Hauptwirkung des Umweltlärms aufgefasst werden und begleitet nahezu alle anderen Lärmwirkungen. Sie ist aber nicht nur ein Epiphänomen, denn häufiger Ärger und Verdruss können soziale Beziehungen und auch das politische Klima vergiften und, wie oben schon angemerkt, Stress verursachen und damit letztlich der Gesundheit schaden. Die Lärmbelästigung wird heute weltweit regelmäßig in Bevölkerungsumfragen standardisiert erfasst, da sie auch eine Leitfunktion für die Zufriedenheit der Menschen mit ihrem Wohnumfeld hat. Hauptemittenten des Lärms und wichtigste Auslöser von Lärmbelästigung sind Straßen-, Schienen- und Luftverkehr. Die Reihenfolge entspricht der Flächenausdehnung. Straßenverkehrslärm tangiert die meisten Menschen, daher fühlen sich die meisten Menschen durch den Straßenverkehr belästigt. Den höchsten relativen Anteil *stark belästigter* Personen findet man jedoch beim Flugverkehr. Für die Lärmbelästigung spielt aber nicht nur der Verkehrslärm eine Rolle, sondern mit zunehmender Wohndichte auch der Nachbarschaftslärm.

Sozio-ökonomische Lärmwirkungen: Zu den sozio-ökonomischen Kosten des Verkehrslärms gehören neben den Gesundheitskosten und den durch Arbeitsunterbrechungen bedingten Kosten auch der Wertverlust von Immobilien und der Verfall der Mieten, mit der möglichen Folge einer Ghetto-Bildung von einkommensschwachen Schichten in lärmbelasteten Gebieten (soziale Entmischung). Die finanziellen Kosten sind jedoch nur schwer zu erfassen, ihre Schätzungen gehen daher weit auseinander.

Lärmbekämpfung: Lärm sollte möglichst an der Quelle bekämpft werden (*primäre Lärmschutzmaßnahmen*). Beim Straßenverkehr tragen die Antriebsgeräusche zum Lärm bei, aber nur im niedrigen Geschwindigkeitsbereich, vor allem beim Anfahren der Fahrzeuge und beim Beschleunigen, während beim fließenden Verkehr (ab 30 km/h) das Abrollgeräusch dominiert. Dort kommt der Optimierung des Reifen-Fahrbahnkontakts eine wichtige Rolle zu, vor allem durch die Gestaltung der Reifenprofile und die Art der Fahrbahndecke. Offenporiger Asphalt („Flüsterasphalt") kann den Schalldruckpegel des Abrollgeräuschs gegenüber normalem Asphalt um 5 bis 7 dB(A) senken. Dies bewirkt eine deutlich wahrnehmbare Minderung der subjektiven Lautstärke.

Die Bedeutung des Abrollgeräuschs für den Verkehrslärm bedeutet, dass Elektroantriebe nur im Stadtverkehr in 30 km/h-Zonen und im „Stop-and-go"-Betrieb, z. B. an Ampeln, eine Entlastung von Lärm sein können. Bei extrem leisen Fahrzeugen steigt jedoch die Unfallgefahr für Radfahrer:innen und Passant:innen, insbesondere für Kinder und sehbeeinträchtigte Personen. Daher müssen nach einer EU-Verordnung neu zugelassene Elektrofahrzeuge seit Juli 2021 ein elektronisch erzeugtes Geräusch aufweisen (AVAS, Acoustic Vehicle Alert System). Das konterkariert wiederum die Bemühungen um Verkehrslärmminderung in Städten.

Beim Schienenverkehr sind es vor allem Unebenheiten der Schienen (Riffelung) und raue Radreifen, die den Lärm ausmachen. Durch regelmäßiges Schleifen der Schienen kann der Lärm gemindert werden. Die Hauptlärmquellen von Verkehrsflugzeugen sind zum einen die Triebwerke, zum anderen die das Flugzeug umgebenden Strömungsgeräusche. Hier werden sukzessive technische Verbesserungen erzielt.

Technische Verbesserungen, die der Lärmminderung dienen, finden in allen Verkehrsbereichen statt. Sie werden aber größtenteils wieder durch die Steigerung des Verkehrsaufkommens aufgehoben. Bei der Entwicklung von Motoren, sei es im Verkehrs- oder Handwerksbereich, sollte darauf geachtet werden, die Intensität unangenehmer Schallkomponenten zu reduzieren. Dazu zählen hohe, scharf klingende Frequenzen (Beispiel Kreissäge) und rau klingende Modulationen des Schalldruckpegels (Beispiel Dieselmotoren von Lkws oder Hubschraubergeräusche).

Zu den *sekundären Lärmschutzmaßnahmen* zählen Lärmschutzwände und Lärmschutzfenster. Lärmschutzfenster schützen jedoch nur dann vor Lärm, wenn sie geschlossen sind. Dies ist aus lufthygienischen Gründen nicht immer erwünscht. Lärmschutzwände und Einhausungen von Verkehrswegen können

Anwohner:innen viel befahrener Straßen und Schienentrassen vor Lärm schützen, werden aber oft aus ästhetischen Gründen oder Kostengründen abgelehnt. Akustische Umweltgestaltung: Kann man mit Schall die Umwelt auch gezielt positiv beeinflussen? Die Antworten darauf sind widersprüchlich. Bereits seit den 1930er-Jahren bietet das amerikanische Unternehmen *Muzak Holding* anxiolytische Musik an, die erstmals in Fahrstühlen und Zahnarztpraxen eingesetzt wurde, um dort ängstliche Menschen zu beruhigen. (Muzak wurde 2011 von der Firma *Mood Media* übernommen, die den Markennamen Muzak nicht mehr führt). Heute dient sog. funktionale, stimmungsmodulierende Musik vor allem in Kaufhäusern dazu, Kund:innen zu längerem Verweilen zu animieren; denn wer länger bleibt, kauft mehr (so ist zumindest die Erwartung). Ständige Musikberieselung kann aber auch eine Belästigung darstellen. In U-Bahn-Stationen wird versucht, durch die Beschallung mit klassischer Musik eine beruhigende Atmosphäre zu schaffen. Dies soll durch die Musikwahl auch dazu dienen, unerwünschte Personen, etwa aus der Drogenszene, von längeren Aufenthalten abzuhalten. Der Erfolg dieser Maßnahme ist allerdings umstritten. Plätschernde Wasserläufe, Springbrunnen und sogar künstliches Vogelgezwitscher können in Städten Inseln mit einer Atmosphäre von Natur und Ruhe entstehen lassen.

Noch einige Anmerkungen zu den Begriffen *Stille*, *Ruhe* und *Lärm*: Absolute Stille gibt es auf der Erde nicht. Nur im künstlichen Vakuum und im Weltall gibt es keinen Schall. Stille empfinden wir, wenn wir keine oder nur sehr wenige Geräusche und Laute wahrnehmen. Stille kann eine meditative Wirkung entfalten. Stille kann aber auch ängstigen und bedrohlich wirken („Totenstille"). Ruhe bedeutet im Gegensatz zu Stille nicht Lautlosigkeit, sondern eine angenehme, stressfreie akustische Umgebung. Das Rauschen eines Baches kann hohe Schalldruckpegel aufweisen und dennoch kein Lärm im Sinne eines unangenehmen Geräuschs sein, sondern Ruhe und Erholung bewirken. Wasserrauschen kann aber auch eine Gefahr signalisieren, wie beispielsweise bei einem reißenden Bach nach einem extremen Starkregen. Lärm, den Fans in einem Fußballstadion veranstalten, kann die Fan-Gemeinde begeistern, mitreißen und eine identitätsstiftende Funktion entfalten. Diese Beispiele zeigen, dass bei der Bedeutung und der Wirkung von Geräuschen der Kontext, in dem sie auftreten, eine wichtige Rolle spielt. Geräusche sind Träger von kontext-bezogenen Informationen mit sozial-emotionalen Auswirkungen und können gleichermaßen beunruhigen und beruhigen, lästig und angenehm werden.

Einen fundierten Überblick über die Geschichte und Bedeutung des Lärms, seine Wirkungen und seine Bekämpfung findet man bei Hellbrück und Guski (2018).

Chemisch-stoffliche Umweltbelastungen

Gerüche- Duft und Gestank: Gerüche werden durch chemisch-stoffliche Einflüsse auf der Riechschleimhaut in den oberen Nasenwegen ausgelöst. Gerüche haben eine starke emotionale Komponente. Sie werden in der Regel entweder als angenehm oder unangenehm klassifiziert, man fühlt sich angezogen oder abgestoßen. Gerüche spielen eine wichtige Rolle beim Umweltdesign. Künstliches Geruchsdesign ist allgegenwärtig. Duft- und Aromastoffe werden sowohl bei der Produktion von Kosmetika, Reinigungs- und Waschmitteln als auch bei der Herstellung von Lebensmitteln zugesetzt. Geruch hat wie Schall eine Kommunikationsfunktion. Der Geruch von Zitrusfrüchten beispielsweise kommuniziert Sauberkeit und Frische, süßer Moschusduft wirkt erotisch, der Duft von frischem Brot regt den Appetit an, fauliger Gestank verweist auf Krankheit und Tod.

Der Geruch trägt erheblich zum Geschmack bei, aber noch entscheidender ist, dass durch den Geruch schlechte oder verdorbene Lebensmittel erkannt werden können, bevor sie in den Mund gelangen. Der Geruch eines verdorbenen Lebensmittels kann dabei unmittelbar Übelkeit und Brechreiz auslösen; das bedeutet, der Magen ist bereits in Abwehrhaltung, noch bevor das Nahrungsmittel hineingelangt. Umgekehrt regen frisch und appetitlich duftende Nahrungsmittel die Produktion von Verdauungssekreten an. Die appetitanregende Wirkung von frischem Brot- und Kaffeeduft ist ein Grund, warum sich Bäckerei und Stehcafé meist im Eingangsbereich eines Supermarktes befinden. Auch das zählt zur Umweltgestaltung. Man geht davon aus, dass ein Mensch, dessen Appetit angeregt ist, auch bereitwilliger und mehr einkauft, als er vielleicht vorhatte.

Zu den Hauptemittenten schlechter Gerüche (Gestank) zählen beispielsweise die Stahlproduktion, Seifensiedereien, Tierkörperverwertungsbetriebe, landwirtschaftliche Betriebe etc. Geruchsemittierende Betriebe unterliegen daher dem Umweltrecht und sind genehmigungspflichtig. Potenzielle Geruchsimmissionen, also Gerüche am Einwirkort, werden aufgrund sogenannter Dispersionsmodelle prognostiziert, in die neben den emittierten Gasen auch typische Windströmungen, -richtungen und andere Einflussfaktoren eingerechnet werden. Bei bestehenden Anlagen werden Geruchsbelastungen durch Begehungen von sog. *„Schnüfflerteams"* ermittelt, die nach Vorgaben, die in VDI-Richtlinien standardisiert sind, Intensität und hedonische Qualitäten von Gerüchen beurteilen.

Umweltgifte: Dies sind stofflich-materielle Einflüsse mit schädlicher Wirkung auf den Organismus. Unter Umweltgiften (Umweltnoxen) seien im Folgenden nur solche Chemikalien verstanden, die vom Menschen eingebracht werden (natürlich gibt es auch in der Natur giftige Substanzen). Unter diesen gibt es neuropsychologisch

2.4 Umweltbelastungen

wirksame Stoffe, die auf das zentrale Nervensystem oder auf das Hormonsystem einwirken und damit auch Empfinden und Verhalten beeinflussen.

Multiple Chemikaliensensitivität (MCS): Von klinisch-psychologischer Bedeutung ist die sogenannte *Multiple Chemikaliensensitivität (MCS)*. Darunter versteht man eine erworbene Überempfindlichkeit gegenüber chemischen Stoffen. Die berichteten gesundheitlichen Beeinträchtigungen betreffen in der Regel Befindlichkeitsstörungen wie Kopfschmerzen, Müdigkeit und Konzentrationsstörungen. Für die Diagnose der MCS müssen tatsächliche Vergiftungen oder Allergien ausgeschlossen werden. Es wird vermutet, dass sich Umweltchemikalien in subtoxischer Dosierung über Jahre im Körper akkumulieren könnten und mit der Zeit eine Überempfindlichkeit des Immunsystems bewirken könnten. Eine andere Überlegung ist, dass bei den betroffenen Personen eine Überempfindlichkeit des Geruchssinns vorliegen könnte. Der Geruch selbst könnte die Reaktionen des Organismus hervorrufen. In der Tat berichten viele MCS-Betroffene, häufig schlechte Gerüche wahrzunehmen (Kakosmie).

Sick-Building-Syndrom (SBS): SBS bezeichnet einen medizinisch-psychologischen Symptomkomplex, der mit dem Aufenthalt in klimatisierten Büroumgebungen in Verbindung steht. Zu den Symptomen zählen trockene Augen, Reizungen der oberen Atemwege, Hautrötungen, Lethargie, Kopfschmerzen, Konzentrationsstörungen sowie veränderte Geruchs- und Geschmacksempfindungen. Diese Symptome klingen in der Regel ab, sobald die betroffenen Räume über einen längeren Zeitraum nicht genutzt werden. Mögliche Ursachen für SBS umfassen Ausdünstungen von Lösungsmitteln und Verunreinigungen der Klimaanlage, aber auch Schall mit sehr tiefen Frequenzanteilen, erzeugt durch haustechnische Anlagen (z. B. Heizungsanlagen). Zusätzlich könnte arbeitsbedingter Stress, wie beispielsweise Mobbing, die Symptomatik verstärken.

Elektrosmog: Der Wortbestandteil „smog" suggeriert eine sich flächenmäßig ausbreitende, schädliche Beeinflussung durch elektromagnetische Schwingungen. In der Tat sind Elektrogeräte, Elektromotoren, elektrische Leitungen, Mobilfunkanlagen etc. allgegenwärtig, sodass man sich elektromagnetischen Feldern nicht entziehen kann. Eine gesundheitsschädliche Wirkung von elektromagnetischen Feldern im Alltagsbereich ist jedoch nicht eindeutig nachgewiesen. Oft fordern Menschen, die um ihre Gesundheit besorgt sind, einen Beweis für die Unschädlichkeit. Dies ist jedoch aus forschungslogischen Gründen nicht möglich (man kann nicht beweisen, dass etwas nicht ist).

Umwelt- und gesundheitspsychologisch bedeutsam ist jedoch, dass es Menschen gibt, denen die Vielzahl elektrischer Geräte so sehr Angst bereitet, dass sie in ihrem Alltag und ihrer Lebensführung beeinträchtigt sind.

Psychologische Determinanten menschlicher Einflüsse auf die Umwelt

3

Neben dem eben dargestellten allgemein- und wahrnehmungspsychologisch geprägten Blickwinkel gibt es auch einen sozialpsychologisch geprägten Zugang zur Umweltpsychologie. Dieser konzentriert sich auf die psychologischen Determinanten menschlicher Einflüsse auf die Umwelt und wird häufig auch als Umweltschutzpsychologie bezeichnet. In diesem Kapitel wird zunächst die Verschiebung des Fokus vom Umweltschutz auf Nachhaltigkeit betrachtet. Anschließend wird in das sozio-ökologische Dilemma eingeführt, das die Dilemmastruktur umweltrelevanten Handelns illustriert und hilft zu verstehen, warum umweltschützendes Handeln den meisten Menschen so schwerfällt. Nach der Vorstellung verschiedener Modelle umweltschützenden Handelns, werden zentrale Erkenntnisse zur Erklärung und Förderung umweltschützenden Handelns angeführt und mit Beispielen aus dem Bereich des nachhaltigen Konsums konkretisiert. Das letzte Teilkapitel widmet sich der Freiwilligenarbeit im Umweltschutz als besonderer Form umweltschützenden Handelns.

3.1 Vom Umweltschutz zur Nachhaltigkeit

Eine kurze Historie der Umweltschutzpsychologie

Umweltpsychologische Forschung, die die Wirkungen menschlichen Handelns auf die Umwelt in den Blick nimmt, entstand in den frühen 70er-Jahren zur Zeit der Ölkrise. Während die Gefährdung der Umwelt lange als technisches Problem diskutiert worden war, für das technische Lösungen gefunden werden sollten, wurde die Energiekrise im Kontext der Ölkrise bereits als Krise fehlangepassten menschlichen Verhaltens bewertet (Maloney & Ward, 1973). Angesichts dieser Krise ginge es vor allem darum, wie sich energiesparendes Verhalten fördern lässt (z. B. Hummel et al., 1978). In den Folgejahren kamen unterschiedliche Themen des Umweltschutzes hinzu, wie z. B. Müllvermeidung, Recyclingverhalten, die Nutzung öffentlicher Verkehrsmittel oder der Kauf umweltschonend hergestellter Produkte (vgl. Scheuthle et al., 2010; Varotto & Spagnolli, 2017). Im letzten Jahrzehnt ist vor allem die Klimakrise, die u. a. mit Extremwetterereignissen und einem Verlust an Biodiversität einhergeht, in den Blick gerückt und hat zu einer anhaltenden Beschäftigung mit Energiesparen beigetragen (Abrahamse & Schuitema, 2020; Karlin et al., 2015). Alle genannten Anwendungsfelder sind Beispiele dafür, dass menschliches Handeln in hohem Maße umweltrelevant ist und viele Umweltschädigungen auf menschliches Handeln zurückgehen (Britain et al., 2016). Somit geht es innerhalb der Umwelt(schutz)psychologie, dem sozialwissenschaftlichen Zweig der Umweltpsychologie, in einem ersten Schritt um ein Verständnis umweltrelevanten Handelns, d. h. von Handeln, das sich in irgendeiner Weise auf die Umwelt auswirkt. Im zweiten Schritt sind konkrete Interventionen zur Förderung umweltschützenden Handelns von Interesse.

Dabei ist in den letzten Jahren eine Entwicklung von der Beschäftigung mit „Umweltschutz" hin zu einer mit „Nachhaltigkeit" zu verzeichnen, die neben dem ökologischen Zielfeld des Umweltschutzes auch wirtschaftliche und soziale Zielfelder mit einbezieht. Diese drei Zielfelder sind eng miteinander verbunden, wie folgendes Beispiel zeigt:

Wird ein Apfel biologisch statt konventionell erzeugt, wirkt sich das ökologisch betrachtet positiv aus, indem u. a. Biodiversität besser geschützt wird (Ökologie). Zudem hat der Verzicht auf Pestizide beim Bio-Apfel möglicherweise gesundheitliche Vorteile für Produzierende wie Konsumierende (Soziales). Allerdings ist der Ertrag im Vergleich zum konventionellen Anbau geringer, u. a. da der Bio-Apfel weniger gut vor Schädlingsbefall geschützt ist. Dieser geringere Ertrag bedeutet grundsätzlich einen wirtschaftlichen Nachteil (Wirtschaft). Entsprechend wird der biologisch erzeugte Apfel dann teurer verkauft, was wiederum eine wirtschaftliche Herausforderung für Menschen mit wenig finanziellen Mitteln darstellt und möglicherweise dazu führt, dass sie weniger Obst konsumieren und sich so weniger gesund ernähren (Wirtschaft und Soziales).

Ursprung des Begriffs „Nachhaltigkeit"

Der Begriff der Nachhaltigkeit stammt ursprünglich aus der Holzwirtschaft. Hans Carl von Carlowitz (1645–1714) gilt als dessen Begründer (Grober, 2010). Angesichts einer drohenden Rohstoffkrise formulierte Carlowitz, der als Oberberghauptmann u. a. für die Bergbaubetriebe zuständig war, 1713 in seinem Werk

„Sylvicultura oeconomica" (übersetzt etwa „wirtschaftliche Forstwirtschaft") erstmals, dass immer nur so viel Holz geschlagen werden sollte, wie durch planmäßige Aufforstung, durch Säen und Pflanzen, wieder nachwachsen könnte (Thomasius & Bendix, 2013).

Zur Zeit Carlowitz' war Holz ein zentraler Rohstoff: Holz wurde zum Bauen gebraucht, diente zum Kochen und Heizen und war im Berg- und Schiffbau unabdingbar (Grober, 2010). Darum wurden große Flächen in Europa gerodet und verödeten. Es kam zu einem Mangel an Holz. Diese Entwicklung hatte bereits im 15. und 16. Jahrhundert mit der Verbreitung von Wassermühlen begonnen, durch die deutlich größere Holzmengen verarbeitet werden konnten (Scherrer & Frecè, 2024).

Von Carlowitz beschäftigte sich mit dem Problem und schlug als Lösung die planmäßige, „nachhaltige" Bewirtschaftung von Wäldern vor. Die Idee war ungewöhnlich, da Wälder zur damaligen Zeit in der Regel nicht gezielt bewirtschaftet wurden. Denn diejenigen, die die Bäume pflanzten, konnten aufgrund der langen Wachstumszeit der Bäume keinen direkten Nutzen aus ihnen ziehen (Thomasius & Bendix, 2013). Nachhaltig bedeutete in diesem Zusammenhang, dass nur so viel Holz geschlagen werden sollte, wie wieder nachwächst (ebd.).

Das Ziel dieser Art der Nachhaltigkeit war primär, eine Kontinuität der Ressourcenverfügbarkeit und der damit verbundenen Einnahmen herzustellen. Soziale und ökologische Ziele standen nicht im Fokus, wurden aber letztlich durch diese Art des Wirtschaftens ebenfalls befördert (Scherrer & Frecè, 2024). Denn die Verödung von Flächen war auch ein ökologisches Problem, dem so entgegengewirkt wurde. Zudem hatte der Mangel an Holz neben wirtschaftlichen auch soziale Probleme verursacht, da Holz nicht nur für vorindustrielle Produktionsprozesse, sondern auch im Alltag der Menschen eine zentrale Rolle spielte. Ähnlich wie im Beispiel des Apfels, zeigt sich auch hier die Zielverbundenheit ökologischer, sozialer und wirtschaftlicher Interessen.

Ein modernes Verständnis von Nachhaltigkeit

Die Idee, die Umwelt gezielt zu schützen, entwickelte sich als Reaktion auf zunehmende ökologische und soziale Schwierigkeiten erst in der frühen Industrialisierung, womit der Schutz natürlicher Ressourcen Stück für Stück zu einem Wert an sich wurde (Scherrer & Frecè, 2024). Anknüpfend an diese Entwicklungen hat sich seit den 1970er-Jahren ein moderneres Verständnis von Nachhaltigkeit zum Leitbild in der Diskussion um ökologische Probleme und notwendige Verhaltensänderungen entwickelt. Ein wichtiger Ausgangspunkt hierfür war der Bericht „Die

Grenzen des Wachstums" des Club of Rome 1972. In diesem wurde anhand einer Simulationsstudie verdeutlicht, in welchem Ausmaß sich individuelles lokales Handeln global und zeitlich sowie räumlich verschoben auswirkt. Ein weiterer Meilenstein war der Brundtland-Bericht („Our Common Future") von 1987, der verdeutlichte, wie komplex die Zusammenhänge zwischen Natur und Gesellschaft sind. Die darin verschriftlichte Definition von nachhaltiger Entwicklung wird weiterhin häufig herangezogen. Nachhaltige Entwicklung wird demnach verstanden als „Entwicklung, die den Bedürfnissen der Gegenwart entspricht, ohne die Fähigkeit künftiger Generationen zu gefährden, ihre eigenen Bedürfnisse zu befriedigen" (Weltkommission für Umwelt und Entwicklung, 1987).

Damit wird der Aspekt der intergenerationalen Gerechtigkeit betont, aber auch die intragenerationale Gerechtigkeit ist mitgedacht, da es um die Befriedigung der aktuellen Bedürfnisse aller Menschen geht. Mit den Weltgipfeln für nachhaltige Entwicklung in Rio de Janeiro 1992 und 2012, Johannesburg 2002 und New York 2015 verbreitete sich der Begriff weiter und das Leitbild der Nachhaltigkeit erlebte einen Aufschwung. Vergleichsweise hohe Bekanntheit haben die in New York 2015 festgelegten 17 Ziele für nachhaltige Entwicklung erlangt.

Insgesamt hat sich Nachhaltigkeit als Begriff und Leitbild in den letzten Jahrzehnten so stark etabliert, dass sie das ältere Konzept des Umweltschutzes weitgehend verdrängt hat. Auch in der Psychologie ist Nachhaltigkeit mittlerweile ein zentrales Forschungsfeld (Matthies et al., 2006; Schmitt & Bamberg, 2018).

Zielfelder

Dabei ist es jedoch wichtig zu beachten, dass Nachhaltigkeit über den ökologischen Aspekt hinausgeht. Im ursprünglichen Verständnis der Vereinten Nationen geht es um nachhaltige Entwicklung, die auch entwicklungspolitische Fragestellungen einbezieht. Dabei geht es darum, gesellschaftliche Entwicklungen sowohl auf ihre ökologische Verträglichkeit als auch auf ihre soziale Gerechtigkeit zu überprüfen (Rhein, 2006). Dies erscheint sinnvoll, da globale Ungleichheiten und Ungerechtigkeiten als zentrale Ursache für mangelndes Engagement im Umweltschutz angesehen werden können (Nair, 2022). Dies unterstreicht, dass Umweltschutz nicht losgelöst von sozialen Rahmenbedingungen betrachtet werden kann. Entsprechend ist Nachhaltigkeit nicht einfach ein Synonym für Umweltschutz, sondern geht darüber hinaus, indem verschiedene Zielfelder betrachtet werden, die miteinander in Einklang gebracht werden müssen.

3.1 Vom Umweltschutz zur Nachhaltigkeit

Im überwiegenden Anteil der Literatur und in verbreiteten Modellen der Nachhaltigkeit sind dies drei Zielfelder:

- Ökologische Ziele wie Klimaschutz, schonender Umgang mit Ressourcen, Schutz von Biodiversität, Wasser, Luft und Böden
- Wirtschaftliche bzw. ökonomische Ziele wie Wohlstand, Sicherung von Arbeitsplätzen und wirtschaftlicher Freiheit
- Soziale Ziele wie die Verwirklichung der Menschenrechte, Gerechtigkeit, Gesundheit, Bildung und soziale Teilhabe

Zum Teil werden weitere Zielfelder hinzugenommen, wie die Politik mit Zielen wie guter Regierungsführung oder Kultur mit Zielen wie der Bewahrung kultureller Vielfalt (von Hauff, 2014).

Modelle der Nachhaltigkeit

Es ist nicht einfach, diese verschiedenen Zielfelder miteinander zu vereinbaren, was zu zahlreichen Debatten führt. In Modellen der Nachhaltigkeit werden diese Zielfelder zueinander in Beziehung gesetzt. Dabei werden Spannungsfelder zwischen den Zielfeldern und Kontroversen zum Verständnis von Nachhaltigkeit besonders deutlich. Zudem zeigt sich, dass „Nachhaltigkeit" letztlich ein bedeutungsoffenes Konzept ist, dessen genaue Bedeutung immer wieder ausgehandelt werden muss (vgl. Linneweber, 1998). Drei dieser Modelle, die unterschiedliche Konzepte von Nachhaltigkeit illustrieren, werden im Folgenden skizziert (vgl. Abb. 3.1):

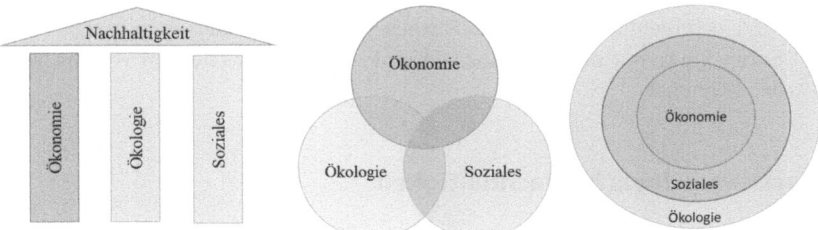

Abb. 3.1 Modelle der Nachhaltigkeit

(1) Das drei Säulen-Modell ist vermutlich das älteste der vorgestellten Modelle, denn es wurde bereits in den 1990er-Jahren entwickelt. Darin werden die drei Zielfelder als Säulen dargestellt, die die Nachhaltigkeit tragen. Wenngleich alle drei Zielfelder berücksichtigt werden, gibt es mehrere Kritikpunkte an diesem Modell: (1) die Darstellung als Säulen suggeriert eine Abgrenzung zwischen den Zielfeldern, die nicht der Realität entspricht, (2) es wird hinterfragt, ob die Zielfelder tatsächlich als gleichrangig angesehen werden sollten, was durch die Darstellung nahegelegt wird und (3) könnte man je nach Platzierung der Säulen eine davon oder sogar zwei entfernen, ohne das „Gebäude" zum Einsturz zu bringen, was so verstanden werden kann, dass nicht zwangsläufig alle Säulen notwendig sind (Pufé, 2017; Stepanek, 2022). Das Modell ist dennoch sehr bedeutsam, da es sehr bekannt ist und viele weitere Konzepte beeinflusst hat (Batz, 2021). Mit der Ergänzung der Wirtschaft als ursprünglich allein tragender Säule um Ökologie und Soziales stellte es einen wichtigen Schritt in der Konzeption nachhaltiger Entwicklung dar (Stepanek, 2022).
(2) Durch das Schnittmengenmodell werden der erste und dritte Kritikpunkt am drei Säulen-Modell aufgegriffen. Die drei Zielfelder werden nicht als abgegrenzt, sondern in Form von sich überschneidenden Kreisen als überlappend dargestellt. Somit werden die wechselseitigen Abhängigkeiten stärker betont. Nachhaltigkeit wird in der Schnittmenge aller drei Zielfelder, im Modell entsprechend aller drei Kreise, verortet (Batz, 2021). Der oben genannte zweite Kritikpunkt wird damit jedoch nicht aufgelöst. In der Regel werden alle drei Kreise gleich groß dargestellt.
(3) Dies ist im Vorrangmodell anders gelöst. Dort werden die Zielfelder nicht in gleicher Größe dargestellt, sondern als ineinander geschachtelte Kreise. Die Ökologie bildet den größten Kreis, darin liegt der zweitgrößte Kreis des Sozialen, in dem sich wiederum als kleinster Kreis die Wirtschaft befindet. Dieses Modell verdeutlicht, dass wirtschaftliche Ziele im Rahmen einer nachhaltigen Entwicklung nur innerhalb sozialer und ökologischer Grenzen verfolgt werden können.

Starke vs. schwache Nachhaltigkeit

Die Unterschiede in den Modellen hinsichtlich der Gewichtung der drei Zielfelder weisen auf den Unterschied zwischen dem Konzept der schwachen und starken Nachhaltigkeit hin. Dabei geht es um die Frage, inwiefern sich Kapitalien (diese umfassen z. B. Güter, Ressourcen und Strukturen) aus den drei Zielfeldern gegenseitig ersetzen können (Ott, 2016). Dürfen zum Beispiel endliche natürliche Ressourcen ausgebeutet werden, wenn dadurch dauerhafte wirtschaftliche oder soziale Strukturen geschaffen werden, von denen zukünftigen Generationen anstelle der natürlichen Ressourcen profitieren? Folgt man dem Konzept der schwachen Nachhaltigkeit, ist dies möglich. Demnach könnte es letztlich nachhaltig sein, wenn z. B. ein bestimmtes Ökosystem (z. B. ein Moor) verkleinert wird, wenn gleichzeitig der Nutzen dieses Ökosystems für den Menschen (z. B. die Speicherung von CO_2) technisch ersetzt werden könnte. Wichtig ist, dass das Gesamtkapital, das an nachfolgende Generationen weitergegeben wird, konstant bleibt oder wächst. Der Mensch und die Erfüllung seiner Bedürfnisse stehen im Zentrum dieser Sichtweise (Batz, 2021).

Das Konzept der starken Nachhaltigkeit sieht solche Ersetzungen hingegen nicht vor. Vielmehr werden insbesondere ökologische Ressourcen als nicht ersetzbar angesehen. Entsprechend können Erfolge in den beiden anderen Zielfeldern ungünstige ökologische Entwicklungen nie ausgleichen (Ott, 2016). Das ökologische Zielfeld wird somit stärker gewichtet als die beiden anderen, da die natürlichen Ressourcen als Grundlage zur Erfüllung aller weiteren Ziele gesehen werden (vgl. Vorrangmodell).

Ein Wirtschaftsmodell, das die Idee der ökologischen Grenzen, die nicht überschritten werden dürfen, mit der Idee der sozialen Grenzen, die nicht unterschritten werden dürfen, zusammenbringt, ist jenes der Donut-Ökonomie (Raworth, 2017). Laut diesem Ansatz sollte sich die Wirtschaft genau zwischen diesen beiden Grenzen bewegen. Durch das Modell wird die enge Verknüpfung zwischen dem sozialen und ökologischen Zielfeld betont, denn ohne eine intakte Umwelt ist es nicht möglich, angemessene soziale Bedingungen für alle Menschen zu gewährleisten. Gleichzeitig wirken sich problematische soziale Phänomene wie Armut oder Kriege auch ökologisch aus, da Menschen, die in Armut leben, die Ressourcen fehlen, um sich um einen ökologisch nachhaltigen Lebensstil zu bemühen oder Kriege direkt zu Umweltzerstörungen beitragen (Scherrer & Frecè, 2024). In diesem Modell eignet sich Wirtschaftswachstum nicht als Indikator für eine gut funktionierende Wirtschaft, vielmehr geht es um Indikatoren, die zeigen, dass sich die Wirtschaft innerhalb des Donuts bewegt. Hierfür werden neun ökologische Dimensionen, wie z. B. Klimawandel, Verlust von Biodiversität und Flächenumwandlung, und zwölf soziale Dimensionen, wie z. B. Gesundheit, Bildung und soziale Gerechtigkeit, betrachtet (Raworth, 2017).

Grenzen des Konzepts

Das Konzept der Nachhaltigkeit liefert keine unmittelbaren Antworten auf konkrete Fragen, vielmehr sind umfängliche Bewertungs- und Aushandlungsprozesse notwendig, um nachhaltiges Handeln umzusetzen. Dabei bietet das Konzept der Nachhaltigkeit gegenüber dem des Umweltschutzes den Vorteil, dass mögliche Interessenkonflikte unmittelbar sichtbar werden und in die entsprechenden gesellschaftlichen Diskussionen einbezogen werden.

Wenngleich Nachhaltigkeit und Umweltschutz als Werte eine recht hohe Zustimmung erfahren (Gellrich et al., 2021), drückt sich dies häufig nicht im alltäglichen Handeln aus. Eine zentrale Erklärung dafür, warum nachhaltiges Handeln so schwerfällt, bietet das sozio-ökologische Dilemma.

3.2 Das sozio-ökologische Dilemma als zentrales Paradigma

The tragedy of the commons

Was haben Überweidung, Überfischung und der Klimawandel gemeinsam? In allen Fällen ist es für die einzelne beteiligte Person mindestens kurzfristig günstig die gemeinsame Ressource, sei es das Weideland, die Fischgründe oder die Aufnahmekapazität der Atmosphäre, möglichst intensiv zu nutzen. So kann sie mehr Tiere halten und deren Produkte nutzen, eine größere Menge Fische fangen oder einen komfortablen energieintensiven Lebensstil pflegen. Langfristig führt dies jedoch zu großen Schäden für die Gemeinschaft. In allen drei Fällen handelt es sich um sogenannte sozio-ökologische Dilemmata. Diese werden in Anlehnung an den Begriff „Allmende", der für von Schäfer:innen gemeinsam genutztes Weideland verwendet wurde, auch als „Allmende-Klemme" bezeichnet. Englischsprachig ist von „tragedy of the commons" (Hardin, 1968) die Rede, was als Tragödie des Allgemeinguts übersetzt werden kann. In allen Fällen geht es um die gemeinsame Nutzung von Umweltgütern wie Luft, Gewässern und Böden, die sich nicht oder nicht in beliebiger Geschwindigkeit regenerieren. Mit der Tragödie des Allgemeinguts wird der Sachverhalt beschrieben, dass es bei eigennützig handelnden Akteur:innen in solchen Fällen zu einer Übernutzung kommt, die langfristig allen Beteiligten schadet. Alltagsbeispiele finden sich auch im Kleinen, wenn z. B. in einer gemeinschaftlich genutzten Büroküche nicht abgespült wird oder öffentliche Sanitäranlagen nicht sauber gehalten werden. Um begrenzt nachwachsende Ressourcen nachhaltig zu nutzen, wäre es hingegen notwendig, dass die verschiedenen

3.2 Das sozio-ökologische Dilemma als zentrales Paradigma

Akteur:innen kooperieren. Das Konzept des sozio-ökologischen Dilemmas ist für die Umweltschutzpsychologie zentral, weil es hilft zu verstehen, warum diese Kooperation und damit umweltschützendes Handeln vielen Menschen so schwerfällt (Ernst, 2008).

Soziale Dilemmata

Im Folgenden wird dargestellt, worin das Dilemma besteht, das zur Tragödie des Allgemeinguts führt, wobei die unterschiedlichen Begrifflichkeiten Stück für Stück erläutert werden. Unter einem Dilemma wird eine Situation verstanden, in der sich eine Person oder Gruppe zwischen verschiedenen Optionen entscheiden muss, die alle mit bedeutenden Nachteilen oder problematischen Konsequenzen einhergehen. Somit gibt es keine wirklich ideale Wahlmöglichkeit. Ein soziales Dilemma kann nur auftreten, wenn mehrere Menschen an einer Situation beteiligt sind. Es ist dadurch charakterisiert, dass der Einzelne durch eine nicht-kooperative Wahl mehr erhält, als durch eine kooperative Wahl – unabhängig davon, was die anderen Beteiligten tun. Gleichzeitig würden alle Individuen besser abschneiden, wenn alle Parteien Kooperation zeigen, als wenn alle nicht kooperieren (Dawes, 1980). Unter Kooperation wird dabei eine zielgerichtete Zusammenarbeit mit anderen Menschen verstanden. Das vermutlich bekannteste soziale Dilemma, das diesen Sachverhalt illustriert, ist das sogenannte Gefangenendilemma. Dabei geht es um zwei Gefangene, die gemeinsam ein Verbrechen begangen haben, deren Schuld aber nicht nachgewiesen werden kann. Die beiden werden voneinander isoliert und erhalten die Chance zu gestehen. Gesteht nur einer, erhält der Gestehende keine Strafe, während der andere eine hohe Strafe erhält. Gestehen beide, erhalten beide eine moderate Strafe. Gesteht keiner von beiden, erhalten beide eine geringe Strafe (Dawes, 1980). Somit ist es individuell betrachtet die bessere Strategie zu gestehen, dies entspricht dem nicht kooperativen Handeln. Wenn man nicht weiß, was der andere tut, ist diese Strategie jeweils vorteilhafter. Insgesamt betrachtet wäre es jedoch günstiger, wenn beide kooperieren, indem sie leugnen.

Fallen im sozio-ökologischen Dilemma

Während man beim Gefangenendilemma von zwei „Spielern" (gemeint sind Beteiligte) ausgeht, handelt es sich beim sozio-ökologischen Dilemma um ein N-Personen-Dilemma. Bei vielen nachhaltigkeitsbezogenen Fragen, wie z. B. dem Klimaschutz, handelt es sich um eines mit mehr als acht Milliarden Spielern. Dabei bleibt die Struktur des Gefangenendilemmas insofern bestehen, als dass die Ergebnisse von den Entscheidungen aller Spieler abhängen. Beim sozio-ökologischen Dilemma kommt hinzu, dass es um die gemeinsame Nutzung von Ressourcen geht. Das ist nicht nur dann der Fall, wenn nicht erneuerbare Ressourcen ausgebeutet werden, sondern letztlich immer dann, wenn es um Handlungen geht, die sich in irgendeiner Weise auf die Umwelt auswirken, die als eine große gemeinsame Ressource gesehen werden kann. Dabei entstehen drei sogenannte Fallen, die die Kooperation im Sinne eines am Erhalt der Ressource orientierten Handelns erheblich erschweren:

(1) Die soziale Falle (Platt, 1973): Verhält sich der einzelne Mensch unkooperativ, indem er die Ressource ausgiebig nutzt, erhält er dadurch direkte Vorteile (z. B. finanzielle Vorteile beim Einkauf nicht nachhaltig erzeugter Kleidung im Vergleich zu nachhaltig erzeugter Kleidung oder Bequemlichkeitsvorteile durch die Nutzung eines eigenen Autos statt der Nutzung des ÖPNV). Man spricht davon, dass die Gewinne der Nicht-Kooperation personalisiert sind. Die Belastungen hingegen verteilen sich auf die gesamte Gemeinschaft, man spricht davon, dass sie „sozialisiert" werden (z. B. Gewässerbelastung durch in der konventionellen Textilherstellung verwendete Giftstoffe, Feinstaubbelastung und CO_2-Emissionen durch den Autoverkehr). Umgekehrt verhält es sich mit dem Nutzen kooperativen Handelns. Dieser kommt der Gemeinschaft zugute, ist aber häufig mit persönlichen Nachteilen verbunden.
(2) Die zeitliche Falle (Vlek & Keren, 1992): Viele negative Wirkungen eines nicht achtsamen Umgangs mit Ressourcen zeigen sich zeitverzögert und werden daher als weniger bedrohlich wahrgenommen. Dies ist zum Beispiel für Klimafolgen der Fall: Während die Verbrennung fossiler Treibstoffe kurzfristig z. B. eine komfortable, günstige Flugreise ermöglicht, treten die klimaschädlichen Wirkungen der dabei entstehenden Emissionen erst Jahrzehnte später in Erscheinung. Dies bedeutet auch, dass Menschen wegen der fehlenden direkten Rückmeldungen die Konsequenzen ihres Handelns z. T. nur schwer begreifen können.
(3) Die räumliche Falle (Vlek & Keren, 1992): In vielen Fällen sind der Nutzen aus dem Ressourcenverbrauch und damit verbundene Schäden zudem räumlich entkoppelt. Dies gilt u. a. für die Verschmutzung von Luft oder fließenden Gewässern (z. B. durch industrielle Anlagen) und für die Emission von Treibhausgasen, die jeweils nicht lokal begrenzt wirken. Gerade im Fall der Klimakrise sind vielfach Regionen, die wenig zu dieser beigetragen haben, besonders von den Folgen betroffen. Dies wird noch dadurch verstärkt, dass ärmere Länder über weniger Ressourcen verfügen, um sich den durch den Menschen verursachten Umweltveränderungen anzupassen.

3.2 Das sozio-ökologische Dilemma als zentrales Paradigma

Komplexität

Hinzu kommt, dass ökologische Systeme sehr komplex sind. Sie entwickeln sich dynamisch, wobei auch kleine Einwirkungen große Auswirkungen bedeuten können. Vielfach tritt bei natürlichen Prozessen exponentielles Wachstum auf, das Menschen schlecht einschätzen können (vgl. Lammers et al., 2020) oder es existieren Kipppunkte, bei denen das System irreversibel in einen anderen Zustand übergeht. Zudem sind viele Merkmale ökologischer Systeme der menschlichen Erfahrung nicht zugänglich. So können Menschen z. B. den CO_2-Gehalt in der Luft oder die Nitratbelastung des Bodens nicht sinnlich wahrnehmen und auch die Größe einer Tierpopulation kann in der Regel nur geschätzt werden.

Erforschung als experimentelle Spiele

Das sozio-ökologische Dilemma wurde in unterschiedlichen Experimenten als sogenanntes experimentelles Spiel nachgestellt, um zu untersuchen, welche Faktoren das Handeln in dieser Situation beeinflussen. In der Regel nehmen mehrere Personen teil und das Spiel verläuft in mehreren Runden. Üblicherweise werden die Teilnehmenden zu Beginn einer Runde von der Spielleitung darüber informiert, wie viel von der jeweiligen Ressource vorhanden ist. Anschließend werden sie dazu aufgefordert, mitzuteilen, wie viel von der Ressource sie entnehmen möchten und diese Entnahme wird ihnen gutgeschrieben. Die Ressource regeneriert sich von Runde zu Runde nach einem vorab festgelegten Verfahren. Dieses ist den Teilnehmenden jedoch nicht bekannt. Je nach Bedingung kann es sein, dass die Teilnehmenden kommunizieren oder nicht kommunizieren dürfen und dass die Entnahmen den einzelnen Spielenden zugeordnet werden oder nicht. In manchen Varianten dürfen sich die Teilnehmenden gegenseitig belohnen oder bestrafen. Die Menge der von den Teilnehmenden im Verlauf des Spiels entnommenen Ressourcen bestimmt häufig die Höhe der Vergütung, sodass für die Teilnehmenden ein echter Anreiz zur Nutzung der Ressource besteht. In manchen Fällen werden eingeweihte Mitspielende eingesetzt, um die Reaktion auf ein bestimmtes Handeln dieser Mitspielenden zu untersuchen. Solche Experimente können in Präsenz aller Teilnehmenden stattfinden, werden aber häufig als Computerexperimente durchgeführt, wodurch unterschiedliche experimentelle Bedingungen (wie z. B. das Unterbinden von Kommunikation) leichter hergestellt werden können.

Das Fischereikonfliktspiel

Eine konkrete Ausgestaltung eines solchen experimentellen Spiels ist das sogenannte Fischereikonfliktspiel (Spada et al., 1990), das sowohl ein Forschungsinstrument ist (ebd.) als auch im Rahmen der Bildung für nachhaltige Entwicklung als Simulationsspiel zum Einsatz kommt (Haustein & Penning, 2020; Stroh, 2014). In diesem Spiel versetzen sich die Teilnehmenden in die Lage von Fischer:innen an einem See, die das Ziel haben, möglichst viele Fische zu fangen. Eine Runde entspricht einer jährlichen Fangsaison, wobei die Teilnehmenden nicht wissen, wann das Spiel endet. Der Fischbestand hängt mit einer biologischen Wachstumsfunktion jeweils vom Bestand in der vorhergehenden Runde ab. Diese Funktion ist nicht linear. Die Gesamtmenge der gefangenen Fische wird am Ende z. B. in eine monetäre Auszahlung umgerechnet (Ernst, 1997).

Förderung von Kooperation

Experimentelle Spiele, in denen das sozio-ökologische Dilemma simuliert wurde, haben gezeigt, dass sich die folgenden Faktoren positiv auf die Kooperation auswirken (Dawes, 1980; Ernst, 1997):

- Die Möglichkeit der Teilnehmenden untereinander zu kommunizieren (wobei die dahinterliegenden Wirkmechanismen vermutlich Informationsvermittlung, Vertrauensbildung und die Vermittlung sozialer Normen sind)
- Die Erwartung, dass die anderen Teilnehmenden kooperativ handeln bzw. Vertrauen in die kooperative Einstellung der anderen Teilnehmenden. Hierfür sind vorherige kooperative Handlungen relevant sowie Menschenbilder, d. h. Vorstellungen darüber, wie andere Menschen motiviert sind
- Die Offenlegung, wer wie viel der Ressource entnommen hat
- Wissen: ökologisches Wissen (z. B. zur Ressourcenvermehrung), soziales Wissen (z. B. zu den Motiven und der Vertrauenswürdigkeit anderer Teilnehmender), Handlungswissen (z. B. zu möglichen Handlungsoptionen und Strategien) sowie Wissen zur Struktur der Abhängigkeit in sozio-ökologischen Dilemmata
- Moralische Appelle zur Betonung der sozialen Verantwortung
- Etablieren von Normen der Kooperation (z. B. durch Kommunikation, durch Vorbildwirkung, (soziale) Sanktionierung unkooperativen Handelns, durch Gesetze)

Grenzen der experimentellen Forschung

Experimente zu nutzen, um menschliches Handeln in sozio-ökologischen Dilemmata zu verstehen, hat den Vorteil, dass verschiedene Rahmenbedingungen sehr leicht variiert werden können. Dabei können Störfaktoren gut ausgeschlossen werden, sodass man davon ausgehen kann, Ursache-Wirkungszusammenhänge zu finden. Beides ist bei Felduntersuchungen (d. h. unter realen natürlichen Bedingungen im alltäglichen Leben) deutlich schwieriger. Dennoch gibt es auch Kritik an diesen Experimenten, eben weil sie eine künstliche Situation schaffen. So sind z. B. die Anreize oft lediglich abstrakte Punkte, die anschließend in eine finanzielle Belohnung eingetauscht werden und die Teilnehmenden agieren meist mit einer geringeren Betroffenheit als im realen Leben, da die tatsächlichen Auswirkungen des Handelns in der Experimentalsituation sehr begrenzt sind. Man muss daher damit rechnen, dass die Befunde, die durch solche Experimente zustande kommen, in ihrer Aussagekraft für die Realität, der sogenannten ökologischen Validität, eingeschränkt sind (Ernst, 1997). Das sozio-ökologische Dilemma und entsprechende experimentelle Spiele stellen somit zwar ein zentrales Paradigma in der Erforschung umweltrelevanten Handelns dar. Allerdings reichen die entsprechenden Erkenntnisse allein nicht aus, um umweltrelevantes Handeln zu erklären und fördern zu können. Eine breitere Perspektive auf diese Frage wird in den folgenden Teilkapiteln eingenommen.

3.3 Modelle umweltschützenden Handelns

Modelle in der Psychologie

Unterschiedliche Handlungsmodelle wurden herangezogen, um umweltrelevantes Handeln zu erklären. Mit umweltrelevant sind dabei – obwohl der Fokus i. d. R. auf umweltschützendem Handeln liegt – auch Handlungen gemeint, die den Umweltschutz potenziell gefährden (z. B. Auto- und Motorsport). Solche Modelle sind immer vereinfachte Abbilder der Wirklichkeit, in denen die für wesentlich erachteten Eigenschaften hervorgehoben werden. In der Psychologie wird „Modell" häufig synonym zu „Theorie" verwendet, die als wissenschaftliche Erklärung in exakter Sprache formuliert ist. Modelle können nach unterschiedlichen Kriterien bewertet werden, wie der Ökonomie (möglichst wenige Variablen), der ökologischen Validität (Gültigkeit für die Realität) sowie ihrem Nutzen für die Praxis und die Forschung. Drei dieser Modelle werden im Folgenden vorgestellt.

Die Theorie geplanten Verhaltens

Die Theorie geplanten Verhaltens (Ajzen, 1991) besagt, dass die Verhaltensintention (d. h. das Vorhaben sich auf eine bestimmte Art zu verhalten) ein wichtiger Erklärungsfaktor für Verhalten ist. Einstellungen gegenüber dem Verhalten (d. h. ob man dieses z. B. als gut, sinnvoll, wünschenswert etc. empfindet), die subjektive Norm bezogen auf das Verhalten (d. h. ob man annimmt, dass Menschen, die einem wichtig sind, das Verhalten positiv bewerten und erwarten) sowie die wahrgenommene Verhaltenskontrolle (d. h. inwieweit man glaubt, das Verhalten tatsächlich ausführen zu können) beeinflussen, inwiefern überhaupt eine Verhaltensintention gebildet wird. Wenn es darum geht, Intentionen in tatsächliches Verhalten umzusetzen, wird die wahrgenommene Verhaltenskontrolle erneut relevant. Dies ist im Modell an dem zusätzlichen Pfeil von der wahrgenommenen Verhaltenskontrolle zum Verhalten ersichtlich (vgl. Abb. 3.2). Wendet man dies z. B. auf die häufigere Nutzung des ÖPNV als nachhaltiges Zielverhalten an, bedeutet dies, dass (1) positive Einstellungen gegenüber dem ÖPNV, (2) die Wahrnehmung, dass Menschen, die einem wichtig sind, die Nutzung des ÖPNV gut finden und vielleicht sogar erwarten, und (3) der Eindruck, dass man den ÖPNV tatsächlich häufiger nutzen könnte (z. B. weil er verfügbar ist und man sich damit auskennt), dazu beitragen, dass man sich vornimmt, den ÖPNV häufiger zu nutzen. Dieses Vorhaben kann dann zusammen mit der wahrgenommenen Verhaltenskontrolle erklären, dass man den ÖPNV tatsächlich häufiger nutzt.

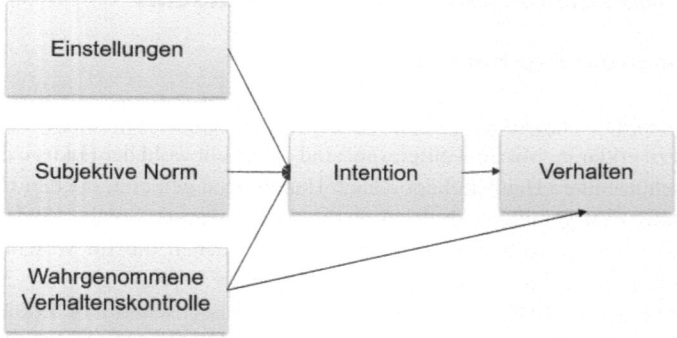

Abb. 3.2 Die Theorie geplanten Verhaltens. (Ajzen, 1991)

3.3 Modelle umweltschützenden Handelns

Dieses Modell wurde erfolgreich zur Erklärung nachhaltigen Handelns angewendet (vgl. z. B. Katz et al., 2022). Es hat den großen Vorteil, dass es sehr ökonomisch ist, also mit wenigen Variablen auskommt. Dem steht als Nachteil gegenüber, dass nicht alle Besonderheiten nachhaltigen Handelns berücksichtigt werden und es vergleichsweise wenig Ansatzpunkte für Empfehlungen zur Veränderung von Verhalten gibt.

Das Normaktivationsmodell

Das Normaktivationsmodell (Schwartz, 1977) wurde ursprünglich entwickelt, um zu erklären, warum Menschen anderen Menschen Hilfe leisten, und wird in etwas verallgemeinerter Form auch auf andere Formen des prosozialen Handelns angewendet. In seinem Zentrum steht eine sogenannte personale Norm, die durch unterschiedliche Variablen aktiviert wird und somit zum Handeln führt. Sie äußert sich als Gefühl der Verpflichtung, auf eine bestimmte Weise zu handeln. Drei Voraussetzungen müssen erfüllt sein, damit eine personale Norm aktiviert oder neu gebildet wird (vgl. Abb. 3.3):

- Problembewusstsein: Es muss erkannt werden, dass in einem bestimmten Bereich aufgrund einer Bedürftigkeit oder eines Problems ein Handlungsbedarf besteht.
- Kontrollüberzeugungen: Man muss der Überzeugung sein, dass man selbst wirksam dazu beitragen kann, dem Problem entgegenzuwirken.
- Verantwortungszuschreibungen: Man muss sich als verantwortlich dafür erachten, etwas zur Lösung des Problems zu unternehmen.

Die Wirkung der aktivierten personalen Norm auf tatsächliches Handeln kann dann noch durch Verantwortungsabwehr, z. B. durch Rechtfertigungen, Leugnung des Problems oder indem man die Verantwortung ausschließlich auf andere abschiebt, gestört werden.

Abb. 3.3 Das Normaktivationsmodell. (Nach Schwartz, 1977)

Wendet man dieses Modell auf die Verwendung von Mehrweg- statt Einwegbechern als Zielhandeln an, könnte zum Beispiel die Problemwahrnehmung darin bestehen, dass man erkennt, dass Einwegbecher viel Müll verursachen und mit einem hohen Ressourcenverbrauch einhergehen. Weiterhin könnte eine Person davon ausgehen, dass sie durch die Verwendung von Mehrwegbechern dazu beitragen kann, das Müllaufkommen und den Ressourcenbedarf zu verringern und sie könnte sich selbst als dafür verantwortlich erachten, dies auch zu tun. Dies würde dann dazu führen, dass sie sich verpflichtet fühlt, Mehrweg- statt Einwegbecher zu verwenden. Sie könnte nun noch nach Rechtfertigungen suchen, um dieses Verpflichtungsgefühl zu neutralisieren, z. B. dass sie zu beschäftigt ist, um auf Einwegbecher zu verzichten, das Problem leugnen („So schlimm ist das mit dem Müll gar nicht") oder für sich entscheiden, dass es nicht ihre Verantwortung ist, zur Verringerung des Müllaufkommens beizutragen. Dann würde das Zielhandeln nicht zustande kommen.

Auch dieses Modell wurde erfolgreich für unterschiedliche Arten umweltschützenden und nachhaltigen Handelns angewendet. Es passt zu den Besonderheiten dieses Handelns, da die Kooperation, die zur Überwindung des sozio-ökologischen Dilemmas notwendig ist, auch eine Form von prosozialem Handeln ist. Zudem unterstreicht es die Bedeutung von Verantwortung und enthält einige Ansatzpunkte für Interventionen. In der Praxis wird das Modell häufig nicht vollständig verwendet, sondern es werden v. a. die Problemwahrnehmung bzw. die Bewusstheit der Handlungskonsequenzen (d. h. das Bewusstsein, dass man durch sein bisheriges Handeln zu einem Problem beiträgt) und die Verantwortungszuschreibung untersucht (vgl. Homburg & Matthies, 1998).

Umweltspezifische Modelle

Neben den beiden bereits genannten allgemeinen sozialpsychologischen Modellen wurden auch umweltspezifische Modelle entwickelt (vgl. Homburg, 2023; Klöckner, 2013). Diese haben den Vorteil, dass sie Besonderheiten des Themenfeldes besser abbilden können, z. B. den Einfluss von Emotionen oder die Struktur des Interessenskonflikts des sozio-ökologischen Dilemmas, und dadurch einen höheren theoretischen Erkenntnisgewinn und mehr Ansatzpunkte für Praxisempfehlungen ermöglichen. Dem steht als Nachteil gegenüber, dass sie weniger gut überprüft und meist weniger ökonomisch sind und die Anbindung an bestehende Forschung weniger gut gewährleistet ist. Folglich wurde häufig ein Zwischenweg gewählt: umweltspezifische Modelle mit klaren Bezügen zu allgemeinen sozialpsychologischen Handlungsmodellen (vgl. Homburg, 2023; Klöckner, 2013). Hierzu zählen, neben einigen anderen, die normative Wert-Theorie (Stern et al., 1993) oder das Modell verantwortlichen Umwelthandelns (Kals et al., 2006). Häufig handelt es sich um komplexe Modelle, die jeweils in Teilaussagen empirisch überprüft werden.

Die Bedeutung von Eigennutz

Sogenannte Rational-Choice-Modelle, die ursprünglich aus der ökonomischen Verhaltensanalyse stammen, gehen davon aus, dass Menschen primär, oder sogar ausschließlich, das Ziel verfolgen ihren eigenen Nutzen zu maximieren. Umweltschützendes Handeln wird diesen Modellen zufolge v. a. dann ausgeführt, wenn man einen eigenen Nutzen davon hat. Ein Beispiel hierfür ist das „Not in My Backyard-Syndrom", in dem es darum geht, dass mögliche Nachteile, die mit dem Umweltschutz einhergehen, einen selbst möglichst nicht berühren sollten (Ernst, 2010). Dies gilt z. B. für den Bau von Stromtrassen, die für die Verteilung von aus regenerativen Energiequellen gewonnenem Strom notwendig sind, die man aber lieber nicht in der Nähe des eigenen Zuhauses haben möchte.

Insgesamt würde man erwarten, dass eigennütziges Handeln in der dargestellten Dilemmastruktur nicht mit Kooperation einhergeht, sondern die Tragödie des Allgemeinguts weiter verstärkt. Es wird jedoch argumentiert, dass Einschränkungen in Kauf genommen werden, wenn sie für die Betroffenen geringe Kosten bedeuten. Dies wird als „Low-cost-Hypothese" (Diekmann & Preisendörfer, 2003) bezeichnet. Wenn umweltschützendes Handeln größere Verzichte bedeutet, wird das z. T. mit Brückenannahmen erklärt, z. B. dass das entsprechende Handeln mit Anerkennung verbunden ist.

Es gibt jedoch zahlreiche Befunde, die diese eigennützige Betrachtungsweise in Frage stellen: Dies sind Befunde, die zeigen, dass z. B. ein lokalpolitisches Engagement für den Umweltschutz auch auf Verantwortung für den Schutz globaler Allmenden zurückgeht, dass Belastungen am eigenen Wohnort vergleichsweise wenig Einfluss auf umweltschützendes Handeln haben und Menschen z. T. auch zu sehr aufwendigen Handlungen zum Schutz der Umwelt bereit sind (Kals & Montada, 1997). Gegen die (ausschließliche) Erklärung durch Eigennutz spricht zudem, dass sie gesellschaftlich problematisch ist, weil sie zur selbsterfüllenden Prophezeiung werden kann: Es konnte gezeigt werden, dass Menschen den Einfluss von Eigeninteresse auf die Einstellungen und das Handeln anderer Menschen systematisch überschätzen, während es geringen Einfluss auf ihre eigenen Einstellungen und ihr eigenes Handeln hat (Miller & Ratner, 1998). Die verbreitete Vorstellung, dass Menschen vor allem ihren eigenen Interessen folgen, kann jedoch dazu führen, dass man das Verhalten anderer Menschen als eigennützig interpretiert und sich selbst auch stärker am eigenen Nutzen orientiert (Miller, 1999).

Metaanalysen und integrative Modelle

Angesichts der zunehmenden Zahl von Studien sind Metaanalysen sehr hilfreich. Diese fassen die empirischen Befunde zu häufig eingesetzten Modellen zusammen (Bamberg & Möser, 2007; Klöckner, 2013) und dienen als Grundlage für integrative Erklärungsansätze, die verschiedene Erklärungsansätze mit ihren jeweiligen Variablengruppen in empirisch fundierten Modellen zusammenführen (vgl. Homburg, 2023 für ein Beispiel). Solche Modelle sind sehr umfangreich und werden in der Regel nicht als Ganzes getestet. Sie liefern jedoch einen sehr guten Überblick. Indem sie unterschiedliche Modelle miteinander in Verbindung setzen, bilden sie die Komplexität umweltrelevanten Handelns passend ab und bieten viele Ansatzpunkte für die Förderung umweltschützenden Handelns.

3.4 Erklärung und Förderung umweltschützenden Handelns

Es gibt zahlreiche Befunde dazu, was zu umweltschützendem Handeln beiträgt. Gerade in den letzten zehn Jahren sind die Anzahl der Veröffentlichungen und relevanten Befunde nochmal deutlich angestiegen (Sachverständigenrat für Umweltfragen, 2023; van Valkengoed et al., 2022). Auch wenn die unterschiedlichen Befunde konzeptuell häufig nicht miteinander verbunden sind, entsteht aus ihnen ein umfangreiches Gesamtbild dazu, wie umweltschützendes Handeln zustande kommt. Um den Überblick zu erleichtern, werden sie im Folgenden in sechs Gruppen von Variablen zusammengefasst und verdichtet (vgl. Bamberg & Möser, 2007; Blankenberg & Alhusen, 2019; Homburg, 2023; Klöckner, 2013; Schahn & Matthies, 2008; van Valkengoed et al., 2022). Diese einzelnen Punkte sind nicht vollständig trennscharf, sondern weisen vielfältige Bezüge zueinander auf. Aus den zentralen Befunden zu den Einflussfaktoren auf umweltschützendes Handeln lassen sich im nächsten Schritt Ansatzpunkte zur Förderung dieses Handelns ableiten.

Normative Variablen zur Überwindung der Dilemmastruktur

Wie bereits im Kapitel zum sozio-ökologischen Dilemma erläutert, spielen Normen der Kooperation eine große Rolle für umweltschützendes Handeln. Dementsprechend erweisen sich normbezogene Variablen als einflussreich, die auf

3.4 Erklärung und Förderung umweltschützenden Handelns

die Überwindung der Konflikte zwischen persönlichen und gemeinschaftlichen Interessen zielen. Die Übernahme ökologischer Verantwortung ist hierfür besonders wichtig, denn durch diese Verantwortungsübernahme für das Gemeinwohl kann das Dilemma überwunden werden. Sie wird gefördert, wenn Menschen wahrnehmen, dass sie auf das ökologische Problem wirksam Einfluss nehmen können. Der Verantwortungsübernahme kann die ausschließliche Zuschreibung der Verantwortung an andere Instanzen (z. B. die Politik oder Wirtschaft), Rechtfertigungen oder konkurrierende Verantwortlichkeiten (z. B. für Wirtschaftswachstum oder den Erhalt von Arbeitsplätzen) entgegenstehen.

Im Zusammenhang mit Verantwortung geht es primär um internalisierte personale Normen (vgl. Normaktivationsmodell). Das sind Normen, die unabhängig von externen Verstärkern wirken, da sie Erwartungen an das Selbst darstellen und ihre Einhaltung somit an das Selbstkonzept einer Person geknüpft ist. Aber auch soziale Normen, d. h. geteilte Vorstellungen darüber, welches Verhalten bzw. Handeln angemessen ist, sind einflussreich. Persönliche Wertorientierungen, d. h. die Frage, welche Werte einer Person wichtig sind, beeinflussen die Wirksamkeit sozialer und personaler Normen.

Konflikte zwischen individuellen und Gemeinschaftsinteressen können durch Aufklärung und Gespräche, in denen die Fragen nach unterschiedlichen Normen in den Mittelpunkt gerückt werden, angegangen werden. Dies gilt gleichermaßen für konkurrierende Verantwortlichkeiten, die auf einen Verantwortungs- und Wertepluralismus hindeuten, über den gesprochen werden kann. Es kann hilfreich sein, sich gezielt mit der Bedeutungsoffenheit von Nachhaltigkeit zu beschäftigen, die sich u. a. in den verschiedenen Modellen äußert, um im jeweiligen Fall eine eigene Gewichtung vorzunehmen. Durch eine lösungsorientierte Haltung lassen sich auch bei vermeintlich konkurrierenden Verantwortlichkeiten möglicherweise Lösungen finden, die diese vereinbaren.

Soziale Normen werden z. B. durch das Modellhandeln anderer Menschen ins Bewusstsein gerückt oder können auch durch schriftliche Informationen vermittelt werden (Schultz et al., 2008). Dabei ist es wichtig, dass Menschen konkrete eigene Einflussmöglichkeiten erkennen. Dies kann durch Aufklärung und die Vermittlung konkreter Handlungsstrategien gefördert werden. Weiterhin ist es sinnvoll darüber aufzuklären, dass kein Widerspruch zwischen internaler und externaler Verantwortungszuschreibung besteht. Vielmehr ist es möglich von einer geteilten Verantwortung auszugehen, d. h. sowohl sich selbst als auch andere Akteur:innen in der Verantwortung zu sehen. Das kann den Eindruck, wirkungsvoll etwas bewegen zu können, sogar verstärken und sich so zusätzlich förderlich auswirken.

Beispiel: Ein Beispiel dafür, wie soziale Normen gezielt eingesetzt werden können, um nachhaltigen Konsum zu fördern, ist die Benutzung von Handtüchern in Hotels. Vielfach werden Handtücher in Hotels ganz selbstverständlich täglich gewechselt, unabhängig davon wie verschmutzt sie sind. Das führt zu einem hohen Wasser-, Energie- und Waschmittelverbrauch mit entsprechenden ökologischen Folgen. Schultz und Kollegen (2008) konnten zeigen, dass die mehrfache Benutzung von Handtüchern in Hotels sehr einfach und wirkungsvoll dadurch gefördert werden kann, dass man Hotelgäste, z. B. durch einen kleinen Aufkleber, darüber informiert, dass die meisten Gäste die Handtücher mehrfach nutzen. Der Wirkfaktor ist hier die soziale Norm, die durch die Information über das übliche Verhalten anderer Menschen deutlich wird.

Die Bedeutung von Wissen

Während allgemeines Wissen über die Umwelt und Umweltprobleme vergleichsweise wenig Einfluss auf umweltschützendes Handeln hat, ist spezifisches Wissen hilfreich, um dieses zu fördern. Dies umfasst zum einen spezifisches Handlungswissen (d. h. Wissen darüber, wie man konkret wirkungsvoll handeln kann) und zum zweiten Wissen über die Struktur der komplexen ökologischen Zusammenhänge (z. B. zur Struktur des sozio-ökologischen Dilemmas). Außerdem wirkt sich die Bedeutung, die man Umweltproblemen beimisst, auf entsprechende Handlungen aus.

Umweltschützendes Handeln lässt sich entsprechend fördern, wenn solches spezifisches ökologisches Wissen vermittelt wird. Dabei sollte auf gesicherte Erkenntnisse und Fakten zurückgegriffen werden, da unglaubwürdige Informationen ebenso wie öffentliche Debatten, die die Gefährdung der Umwelt in Frage stellen, Unsicherheit hervorrufen. Diese Unsicherheit behindert wiederum die Entstehung oder Umsetzung von Handlungsbereitschaften. Im Idealfall gehen die Bemühungen über reine Wissensvermittlung hinaus, so wie es das Ziel der Bildung für nachhaltige Entwicklung ist, durch die die sogenannte Gestaltungskompetenz gefördert werden soll. Diese umfasst die Fähigkeit, Wissen über nachhaltige Entwicklung anzuwenden und Probleme nicht-nachhaltiger Entwicklung erkennen zu können (de Haan, 2008).

Auch Feedback, im Sinne der Wissensvermittlung über das Ausmaß und die Wirksamkeit eigenen umweltbezogenen Handelns (z. B. die Rückmeldung über die durch die Nutzung des ÖPNV eingesparten Emissionen), ist eine wirkungsvolle Methode, um umweltschützendes Handeln zu fördern.

Beispiel: Neben Wissen ist auch die Verfügbarkeit bestimmter Informationen von großer Bedeutung für nachhaltigen Konsum. Viele Nachhaltigkeitseigenschaften von Produkten, z. B. dass ein Kleidungsstück unter fairen Arbeitsbedingungen und ökologisch verträglich erzeugt wurde, sind sogenannte Vertrauenseigenschaften. Das bedeutet, dass die Konsumierenden diese weder vor noch nach dem Kauf selbst überprüfen können. Man sieht sie dem

3.4 Erklärung und Förderung umweltschützenden Handelns

Kleidungsstück nicht an. Daher sind Zertifizierungen, wie z. B. das Fairtrade-Siegel, die von vertrauenswürdigen Institutionen vergeben werden, wichtig. Zusätzliche Informationen zu solchen Produkten und ein genaueres Wissen über die Standards können sich förderlich auf nachhaltigen Konsum auswirken (De Pelsmacker & Janssens, 2007). Allerdings muss beachtet werden, dass schon die Ökobilanz eines einzelnen Kleidungsstücks sehr komplex ist. Sie bildet unterschiedliche ökologische Belastungen, z. B. den Wasser-, Flächen- und Rohstoffverbrauch, auf den unterschiedlichen Stufen des Lebenszyklus des Kleidungsstücks ab. Dieser Lebenszyklus reicht von der Herstellung des Stoffs, über die Fertigung, die Logistik und den Handel, bis hin zur Pflege des Kleidungsstücks und seiner Entsorgung. Angesichts dieser Komplexität können vollständige Informationen zu den ökologischen Auswirkungen schnell zu einer Informationsüberlastung führen oder bedürften einer gezielten, gut verständlichen und im Idealfall standardisierten Aufbereitung, die über die Produktsiegel hinaus bislang nicht vorliegen.

Handlungsverfügbarkeiten und Gewohnheiten

Die mangelnde Verfügbarkeit der Rahmenbedingungen für nachhaltiges Handeln (z. B. schlecht ausgebauter ÖPNV, mangelndes Angebot an nachhaltig erzeugten Produkten im Handel) ist ein relevantes Hindernis für nachhaltiges Handeln. Dies gilt auch für Gewohnheiten, die nicht nachhaltiges Handeln implizieren. Gewohnheiten sind dadurch gekennzeichnet, dass sie häufig wiederholt werden und daher automatisiert ablaufen. Das bedeutet, dass über gewohnheitsmäßige Handlungen nicht jedes Mal neu nachgedacht wird und daher neue nachhaltigkeitsbezogene Informationen häufig nicht wahrgenommen werden (Verplanken & Wood, 2006). Außerdem werden die Nachteile von Alternativen zu den Gewohnheiten häufig überschätzt (Fujii et al., 2001).

Um Gewohnheiten zu überwinden, können diese bewusst gemacht werden oder es können neue Gewohnheiten etabliert werden. Dies kann in kleinen Schritten geschehen und lässt sich besonders einfach dann umsetzen, wenn sich die Lebenssituation ohnehin verändert (z. B. durch die Geburt eines Kindes oder den Wechsel der Arbeitsstelle). Durch externe Veränderungen sind ohnehin Anpassungen des eigenen Verhaltens notwendig und so lassen sich auch neue Gewohnheiten leichter entwickeln (Schäfer et al., 2012). Auch steigende Kosten nicht nachhaltiger Gewohnheiten (z. B. höhere Steuern auf CO_2-intensive Produkte) können ein Anstoß für die Veränderungen von Gewohnheiten sein (White et al., 2012). Dies wird erheblich erleichtert, wenn die nachhaltigen Handlungsoptionen gut verfügbar und einfach auszuführen sind. Auch Hinweisreize, die gegeben werden, um an eine bestimmte Handlungsoption zu erinnern (z. B. „Licht aus, Fenster zu"), können Menschen dabei unterstützen neue nachhaltige Gewohnheiten zu bilden (White et al., 2012). Sind diese erst einmal etabliert, haben sie den Vorteil, dass sie als Gewohnheiten relativ änderungsresistent sind.

Beispiel
Die Tatsache, dass Menschen, gerade in gewohnheitsmäßigen Situationen, wie im Haushalt, häufig automatisiert, also ohne großes Nachdenken handeln, macht man sich bei sogenannten Nudges (übersetzt „Stups" oder „Anstoß") zunutze. Dies sind Methoden, die menschliches Verhalten ohne Einsatz von Verboten oder Anreizen beeinflussen (Thaler & Sunstein, 2008). Defaults, d. h. voreingestellte Standards, sind sehr effektive Nudges (Sunstein, 2014). Beispiele für solche Defaults sind, dass bei der Spülmaschine das Energiesparprogramm als Standard voreingestellt ist, beim Drucker doppelseitiges Drucken und bei Computern die automatische Abschaltung nach einer bestimmten Zeit. Dadurch wird nachhaltiges Handeln zum Standard und gleichzeitig zur einfachsten Möglichkeit, denn aus Bequemlichkeit werden Voreinstellungen häufig nicht verstellt.

Kosten-Nutzen-Bilanzen und wahrgenommene Handlungskosten

Wie sich anhand der Low-Cost-Hypothese zeigt, wirken sich die Kosten umweltschützenden Handelns darauf aus, inwiefern solches stattfindet (Wyss et al., 2022). Dabei sind sowohl finanzielle als auch immaterielle Kosten, z. B. durch einen höheren Aufwand, relevant. Hier besteht ein Zusammenhang zu den Handlungsverfügbarkeiten, denn eine gute Verfügbarkeit senkt die wahrgenommenen immateriellen Handlungskosten. Aus der Forschung zum nachhaltigen Konsum weiß man, dass ein höherer finanzieller Preis die Wahrscheinlichkeit, dass ein Produkt gekauft wird, senkt, Menschen aber bereit sind, einen mäßigen bis deutlichen Aufpreis für nachhaltige Produkte zu bezahlen (z. B. Dickson, 2001; Grunert et al., 2014). Dies wird so interpretiert, dass sie in diesen einen bestimmten zusätzlichen Nutzen sehen, sodass auch bei höherem Preis die Kosten-Nutzen-Relation als angemessen wahrgenommen wird. Das Ausmaß, in dem Menschen bereit sind einen höheren Preis für nachhaltige Produkte zu bezahlen, hängt u. a. von ihren Einstellungen, ihren Normen und ihrem Wissen ab, also anderen bereits thematisierten Einflussfaktoren.

Dies zeigt, dass eine entsprechende ökologische Normbildung das wahrgenommene Kosten-Nutzen-Verhältnis nachhaltigen Handelns positiv beeinflusst. Eine andere mögliche Maßnahme besteht darin, sich genauer mit den Kosten zu beschäftigen und dabei sowohl persönliche Kosten als auch Kosten für die Gemeinschaft sowie die kurz- als auch langfristige Kosten einzubeziehen. Außerdem gilt, dass ein nachhaltiger Lebensstil, der auf einen reduzierten Ressourcenverbrauch und Konsum setzt, in der Regel auch finanziell günstiger ist und den Alltag aus Sicht mancher Menschen sogar vereinfacht. Um zu verstehen, wo die wirklich lohnenden Ansatzpunkte liegen, wo also die Kosten-Nutzen-Bilanz nachhaltigen Handelns besonders positiv ausfallen kann, hilft ein Blick in Ökobilanzen.

3.4 Erklärung und Förderung umweltschützenden Handelns

Beispiel

Geht es um Kaufentscheidungen, ist es sinnvoll den gesamten Lebenszyklus eines Produkts hinsichtlich der Kosten zu betrachten. So sind zum Beispiel energieeffiziente Haushaltsgroßgeräte, wie Kühlschrank, Spül- oder Waschmaschine, in der Anschaffung häufig teurer, sorgen aber durch den geringeren Verbrauch in der Nutzungsphase für Einsparungen. Auch die Frage, wie gut sich Geräte reparieren lassen (z. B. Verfügbarkeit von Ersatzteilen), kann in die Entscheidung und Kostenrechnung einfließen, da durch diese die Nutzungsphase verlängert und die Kosten letztlich gesenkt werden können.

Gerechtigkeit

Das Streben nach Gerechtigkeit ist ein wichtiges menschliches Motiv (Lerner, 1975). Es äußert sich u. a. im sogenannten Glauben an eine gerechte Welt. Das ist die Überzeugung, dass es auf der Welt im Großen und Ganzen gerecht zugeht (Lerner & Simmons, 1966). Sie ist bei unterschiedlichen Menschen verschieden stark ausgeprägt. Wenn Menschen Ungerechtigkeiten wahrnehmen, bedroht das ihren Glauben an eine gerechte Welt und motiviert dazu die Gerechtigkeit wiederherzustellen (ebd.). Im Einklang mit dieser Erkenntnis konnte gezeigt werden, dass die Wahrnehmung ökologischer Ungerechtigkeiten dazu motiviert, diesen entgegenzuwirken. Dies gilt jedoch nur, solange als wirkungsvoll eingeschätzte eigene Handlungsmöglichkeiten bestehen. Ist dies nicht der Fall, neigen gerade Menschen mit einem sehr starken Glauben an eine gerechte Welt dazu, die Situation entweder zu leugnen oder umzudeuten, indem sie z. B. diejenigen, die unter den Ungerechtigkeiten leiden, abwerten und selbst für ihre Situation verantwortlich machen. So stellen sie zumindest gedanklich für sich eine gerechte Welt wieder her. Dies unterstreicht, wie wichtig es ist, dass für den Einzelnen konkrete und als wirksam erlebte Handlungsmöglichkeiten bestehen, um zu Umweltschutz und nachhaltiger Entwicklung beizutragen.

Zudem ist es wichtig, dass Umweltschutzmaßnahmen und damit ggf. einhergehende eigene Verzichte als gerecht bewertet werden. Nur dann sind Menschen bereit, diese zu unterstützen. So hat sich zum Beispiel gezeigt, dass alleinige Appelle zum Verzicht auf das Auto als ungerecht bewertet und abgelehnt werden, weil ihnen nur wenige freiwillig folgen und dafür Einschränkungen in Kauf nehmen, während andere, z. B. durch eine bessere Luftqualität, auch dann profitieren, wenn sie selbst nichts beigetragen haben. Verbindliche gesetzliche Regelungen werden daher als gerechter bewertet (vgl. Kals & Baier, 2017).

Der unterschätzte Einfluss der Emotionen

Die verbreiteten sozialpsychologischen Handlungsmodelle sowie die meisten umweltpsychologischen Erklärungsmodelle konzentrieren sich auf kognitive Variablen wie Wahrnehmungen, Einstellungen, Bewertungen und Überzeugungen. Es hat sich jedoch gezeigt, dass Emotionen ebenfalls eine große Rolle für die Erklärung umweltbezogenen Handelns spielen (Kals & Müller, 2012). Norm-, verantwortungs- und gerechtigkeitsbezogene Emotionen, wie z. B. Schuld und Empörung, haben einen besonders großen Einfluss. Dies gilt auch für die emotionale Verbundenheit zur Natur, eine Art Liebe zur Natur (Kals & Nisbet, 2019), sowie für Emotionen, die mit umweltbezogenem Handeln einhergehen (z. B. Stolz über den eigenen Beitrag zum Umweltschutz) (Shipley & van Riper, 2022). Emotionale Belastungen durch Umweltgefahren und Umweltängste erweisen sich hingegen als weniger relevant für die Erklärung umweltrelevanten Handelns.

Folglich sollten Emotionen sowohl in der Forschung als auch bei der Förderung umweltschützenden Handelns stärker berücksichtigt werden. Empörung hat ein besonderes Motivationspotenzial und sollte, z. B. auch in Form von Empörung über Umweltschutzmaßnahmen, besonders ernst genommen werden. Emotionale Verbundenheit mit der Natur kann durch positive Naturerfahrungen gefördert werden (Kals & Nisbet, 2019). Als positiv empfundene Gefühle bei umweltschützendem Handeln entstehen häufig, wenn solches Handeln erprobt wird, und können dieses dann verstärken, z. B. das Erleben von Entspannung, wenn das Fahrrad anstelle des Autos für den Arbeitsweg genutzt wird.

Beispiel
Auch im Kontext des Konsums fair gehandelter Produkte konnte die Bedeutung der gerechtigkeitsbezogenen Emotion Empörung gezeigt werden. Diese wirkt sich deutlich auf das Vorhaben aus, fair gehandelte Produkte zu kaufen und sich für diese Art des nachhaltigen Konsums zu engagieren (Strubel, 2020). Dabei spielt sowohl Empörung über Ungerechtigkeit im Handel als auch Empörung über den fairen Handel eine Rolle. Erstere fördert die entsprechenden Bereitschaften, zweitere steht ihnen entgegen.

Strukturelle Rahmenbedingungen

Wie in Abschn. 3.2 erläutert, ist es die Struktur des sozio-ökologischen Dilemmas, die nachhaltiges Handeln so schwer macht. Daher besteht eine weitere Idee zur Förderung umweltschützenden Handelns darin, diese Strukturen zu verändern.

Dies könnte z. B. geschehen, indem die unmittelbaren Kosten der Ressourcennutzung steigen (z. B. über eine entsprechende Besteuerung), sodass es auch kurzfristig und individuell nicht mehr lohnend ist, Ressourcen zu übernutzen. Umgekehrt wäre es auch möglich, umweltschützendes Handeln zu subventionieren und auf diese Weise den Interessenskonflikt des sozio-ökologischen Dilemmas zu überwinden.

3.5 Freiwilligenarbeit im Umweltschutz als besonders Form umweltschützenden Handelns

Bedeutung

Freiwillige Engagements sind eine wichtige Form als Einzelner wirksam zum Schutz der Umwelt beizutragen. Häufig wird solche Freiwilligenarbeit innerhalb von Umweltschutzorganisationen geleistet, die durch die Bündelung von Aktivitäten besonders wirkungsvoll agieren und auch politischen Einfluss nehmen können. Gegenüber der allgemeinen Bevölkerung wirken die Freiwilligen oft als Multiplikator:innen, indem sie z. B. Wissen vermitteln oder als Vorbilder wirken. Neben den positiven Wirkungen auf die Umwelt fördert Freiwilligenarbeit den gesellschaftlichen Zusammenhalt und ist auch auf persönlicher Ebene mit zahlreichen Gewinnen und Vorteilen, z. B. für Wohlbefinden und Gesundheit, verbunden (Alscher et al., 2021; Measham & Barnett, 2008).

Umfang und Formen

Im jüngsten Freiwilligensurvey von 2019 (Simonson et al., 2022) liegt der Anteil derjenigen, die sich im Bereich „Umwelt, Naturschutz und Tierschutz" engagieren bei 4,1 % und ist damit seit 1999, als dieser Wert bei 1,8 % lag, deutlich angestiegen. Freiwilligenarbeit im Umweltschutz kann unterschiedliche Formen annehmen und umfasst Aktivismus, Engagement im Bereich der Bildung und Wissensweitergabe, Naturbeobachtung und Dokumentation, Renaturierung und Erhaltung natürlicher Lebensräume sowie die Entwicklung und Verbreitung von Methoden, die zu einem nachhaltigen Lebensstil beitragen (Measham & Barnett, 2008).

Beweggründe

Es gibt vielfältige und individuell variierende Beweggründe dafür, sich freiwillig im Umweltschutz zu engagieren. Für besonders viele Menschen sind jedoch verantwortungs- und gerechtigkeitsbezogene Motive wichtig (vgl. Strubel, 2019; Strubel et al., 2016). Dies leuchtet unmittelbar ein, da das sozio-ökologische Dilemma, das Umweltproblemen zugrunde liegt, viele Gerechtigkeitsfragen berührt und da die Übernahme von Verantwortung zentral ist, um es zu überwinden. Weitere wichtige Motive sind (Caissie & Halpenny, 2003; Husk et al., 2016; McDougle et al., 2011; Measham & Barnett, 2008; Sloane & Pröbstl-Haider, 2019):

- der Ausdruck eigener Werte und der Einsatz für eine Sache, die einem persönlich wichtig ist, Liebe zur und Interesse an der Natur
- das Sammeln neuer Erfahrungen und die persönliche Weiterentwicklung
- die Möglichkeit für soziale Kontakte
- die Bindung an einen bestimmten Ort
- Gesundheit und Wohlbefinden
- Generativität, indem Wissen weitergegeben oder ein Vermächtnis hinterlassen wird

Gelingende Gestaltung

Dieses Wissen um die Motive kann zusammen mit arbeits- und organisationspsychologischen Erkenntnissen dazu genutzt werden, um Freiwilligenarbeit im Umweltschutz gelingend zu gestalten (vgl. Strubel et al., 2024b):

- Da bei Freiwilligenarbeit im Umweltschutz schnell sichtbare Erfolge und unmittelbares Feedback selten sind, ist es umso wichtiger zu gewährleisten, dass die Freiwilligen ihr Handeln als wirksam erleben. Dies kann gefördert werden, indem konkrete Handlungs- und Engagementmöglichkeiten aufgezeigt werden, Engagierte bedarfsgerechten Zugang zu Weiterbildungsmöglichkeiten erhalten und möglichst häufig Rückmeldungen über die Erfolge, die durch die Freiwilligenarbeit erzielt wurden, gegeben werden.
- Soweit verschiedene der oben genannten Motive durch die tatsächlichen Möglichkeiten der konkreten Freiwilligenarbeit befriedigt werden können, können diese zur Gewinnung Engagierter besonders angesprochen werden. Bereits Engagierte sollten die Möglichkeit erhalten, die Motive, die ihnen wichtig sind, dauerhaft zu erfüllen. Ist den Freiwilligen z. B. die Möglichkeit für soziale Kontakte sehr wichtig, können Organisationen sich darum bemühen, dass es gute

Möglichkeiten zur Kontaktpflege unter den Freiwilligen gibt. Bei Bedarf können sich Organisationen mit Hilfe kurzer Fragebögen einen Überblick über die wichtigsten Motive der Engagierten verschaffen (vgl. Strubel et al., 2024a).

- Bezogen auf die Gestaltung der Tätigkeit wirken sich die Anforderungsvielfalt der Aufgaben und ihre Bedeutsamkeit, eigene Handlungsspielräume und Rückmeldungen aus der Tätigkeit, besonders positiv auf die Zufriedenheit mit Freiwilligenarbeit und ihre Aufrechterhaltung aus (van Schie et al., 2015).
- Auf organisationaler Ebene wirkt sich eine hohe organisationale Gerechtigkeit positiv auf Freiwilligenarbeit aus. Diese ist gegeben, wenn Freiwillige wahrnehmen, dass in ihrer Organisation Verteilungen, Prozesse und zwischenmenschliche Interaktionen fair ablaufen (Jiranek et al., 2015).

4 Zusammenwirken der beiden umweltpsychologischen Forschungstraditionen

Im zweiten und dritten Kapitel wurden, mit der allgemein- und wahrnehmungspsychologischen Forschungstradition einerseits und der sozialpsychologischen Forschungstradition andererseits, zwei unterschiedliche Blickwinkel, die die Umweltpsychologie einnimmt, dargestellt. Im folgenden Kapitel geht es um das Zusammenwirken dieser beiden Traditionen. Am Beispiel des Klimawandels wird besonders deutlich, warum dies notwendig ist und welche möglichen Gewinne daraus erwachsen. Auch zur konstruktiven Lösung von Umweltkonflikten sind Kenntnisse aus beiden Forschungszweigen von großer Bedeutung.

4.1 Kooperationserfordernisse und -gewinne am Beispiel des Klimawandels

Bewältigung von menschlich mitverursachten Umweltkrisen

Wie bereits eingangs beschrieben, entstand die umweltschutzpsychologische Forschung in den frühen 1970er-Jahren aufgrund der Energiekrise, die innerhalb der Umweltpsychologie als Krise fehlangepassten menschlichen Verhaltens bewertet wurde (Maloney & Ward, 1973). Auch heute beschäftigt sich diese Forschung mit aktuellen Krisen, bei denen menschliches Verhalten und Handeln eine wichtige Rolle spielen. Zu diesen zählt ganz zentral die Klimakrise. Wie im dritten Kapitel dargestellt, stehen dabei in der Umweltschutzpsychologie, dem sozialwissenschaftlichen Zweig der Umweltpsychologie, das Verständnis umweltrelevanten Handelns und darauf aufbauend die Möglichkeiten der Förderung umweltschützenden bzw. nachhaltigen Handelns im Fokus.

Umweltschutzpsychologie und Mitigation

In Hinblick auf die Klimakrise hat dieser Forschungszweig große Bedeutung für die Abschwächung des Klimawandels („mitigation"), indem er dazu beiträgt, Ursachen des Klimawandels, die durch menschliches Handeln zustande kommen, entgegenzuwirken. Der aktuelle Sachstandsbericht des Weltklimarats, in dem Hunderte von Wissenschaftlern aus aller Welt die Risiken der globalen Erwärmung bewerten und Handlungsstrategien entwickeln, zeigt, dass es noch möglich ist, die globale Erwärmung langfristig auf 1,5 °C zu begrenzen. (Intergovernmental Panel on Climate Change, 2022). Dafür ist jedoch schnelles und konsequentes Handeln erforderlich. Der Bericht zeigt, dass sowohl die Nachfrageseite (z. B. Verkehr, Gebäude und Ernährung) als auch der Naturschutz sehr große Emissionsreduktionen ermöglichen. Beides ist eng mit individuellem menschlichem Handeln, wie der Verkehrsmittelwahl oder anderen Konsumentscheidungen sowie mit individuellem Engagement, z. B. im Bereich des Naturschutzes, verbunden. Auch die Unterstützung oder zumindest Akzeptanz einer ambitionierten Klimaschutzpolitik fällt in den Bereich menschlichen Handelns. Folglich kann die Umweltschutzpsychologie mit ihren Erkenntnissen darüber, wie umweltschützendes Handeln zustande kommt und gefördert werden kann, einen wichtigen Beitrag zur Abschwächung des Klimawandels leisten.

Allgemeinpsychologisch fundierte Umweltpsychologie und Adaption

Gleichzeitig ist jedoch offensichtlich, dass die globale Erwärmung zwar noch begrenzt, aber wohl nicht mehr komplett verhindert werden kann. Es geht also auch um die Anpassung an Klimaveränderungen („adaption"). Dies umfasst auch das Leben unter den veränderten Bedingungen, wie z. B. größerer Hitze und häufigeren Extremwetterereignissen, so gut wie möglich für den Menschen zu gestalten. Hierzu kann die allgemeinpsychologisch fundierte Forschungstradition der Umweltpsychologie beitragen. Sie liefert beispielsweise Erkenntnisse darüber, wie Menschen auf Hitze reagieren und was ihnen beim Umgang mit dieser hilft, wie hitzeangepasste Umgestaltungen von Städten aussehen müssen, um von Menschen als lebenswert wahrgenommen zu werden oder wie Warnmechanismen und Schutzmaßnahmen bei Extremwetterereignissen aussehen sollten, damit sie Menschen effektiv schützen.

Kooperation beider Forschungstraditionen

Beide Forschungstraditionen können also wesentliche Beiträge leisten, um mit den Herausforderungen des Klimawandels besser umzugehen. Dabei ergänzen sie sich gegenseitig, denn sowohl die Abschwächung des Klimawandels als auch Anpassungen an Veränderungen, die nicht mehr rückgängig gemacht werden können, sind notwendig. Im Idealfall sind umweltpsychologisch gestützte Maßnahmen aus beiden Bereichen so aufeinander bezogen, dass sie sich positiv beeinflussen. So können Menschen durch umweltpsychologisch unterstützte Anpassungsbemühungen erleben, dass sie trotz der Krise handlungsfähig bleiben, was wiederum umweltschützendes Handeln fördern kann, statt lähmende Hilflosigkeit auszulösen. Zudem können Maßnahmen, die primär der Anpassung an den Klimawandel dienen, so gestaltet werden, dass sie umweltschützenden Handeln begünstigen, z. B. indem strukturelle Rahmenbedingungen geschaffen werden, die den Fallen des sozio-ökologischen Dilemmas entgegenwirken (z. B. Mobilitätssysteme, in denen die Kosten für die Allgemeinheit in den individuellen Nutzungskosten eingepreist sind). Einige potenzielle Anpassungsmaßnahmen beziehen sich auch auf Verhaltensänderungen, z. B. im Mobilitätsverhalten. Die Umweltschutzpsychologie stellt Wissen darüber bereit, wie Verhaltensänderungen gefördert werden können. Die allgemeinpsychologische Forschungstradition trägt zur menschengerechten Gestaltung neuer Handlungsoptionen bei, zum Beispiel bei Mobilitätskonzepten, indem sie menschliche Bedürfnisse nach Privatheit und persönlichem Raum berücksichtigt. Dadurch wird es wahrscheinlicher, dass diese Handlungsoptionen auch tatsächlich gewählt werden.

Darüberhinausgehende Kooperation

Aufgrund der Komplexität der Klimakrise sowie ihres globalen Ausmaßes ist es darüber hinaus notwendig, dass die Umweltpsychologie national und international mit anderen Wissenschaften sowie gesellschaftspolitischen Akteur:innen kooperiert, um möglichst umfassende und tragfähige Lösungen sowohl zur Abschwächung der Klimakrise als auch zum Umgang mit dieser zu finden. Hierzu gehört zunächst die Kooperation mit weiteren psychologischen Disziplinen. So ist z. B. die Kooperation mit der klinischen Psychologie angezeigt, wenn es um Umweltängste oder den Umgang mit Traumatisierungen nach Umweltkatastrophen geht. Das Thema der Nachhaltigkeit im Arbeitskontext wird von der Arbeits- und Organisationspsychologie untersucht und die pädagogische Psychologie stellt Wissen dazu bereit, wie Lern- und Bildungsprozesse zielführend gestaltet werden können, was auch für nachhaltigkeitsbezogene Bildungsinhalte gilt. Aber auch die Kooperation mit nichtpsychologischen, v. a. technologischen Disziplinen ist vielversprechend. Dabei könnte es einerseits darum gehen, komplexe technische oder naturwissenschaftliche Prozesse so aufzubereiten, dass Menschen sie besser verstehen können, und andererseits könnte die Umweltpsychologie dabei unterstützen, dass notwendige technologische Veränderungen menschengerecht gestaltet werden. Damit umweltpsychologische Erkenntnisse ihren Weg in die Praxis finden, ist ein Wissens- und Erfahrungsaustausch zwischen Gesellschaft und Umweltpsychologie unabdingbar. Hierzu können praxisorientierte Forschungsprojekte und Wissenschaftskommunikation sowie Vernetzungsstrukturen zwischen Forschung und Praxis beitragen.

4.2 Umweltkonflikte und Umweltmediation

Was ist ein Umweltkonflikt?

Ein weiteres Feld, in dem im Idealfall beide Forschungstraditionen der Umweltpsychologie ihre Expertise einbringen können, ist jenes der Umweltkonflikte und der Umweltmediation. Der Schutz der Umwelt steht häufig in Konkurrenz mit anderen Werten und Interessen, z. B. wirtschaftlichen und sozialen wie Wirtschaftswachstum, Arbeitsplatzsicherheit oder individuellen Freiheiten. Dies kann zum Beispiel der Fall sein, wenn es um die Ausweisung eines Industriegebiets geht, das für eine Gemeinde große wirtschaftliche Vorteile inklusive zusätzlicher Arbeitsplätze bedeuten würde, gleichzeitig aber mit der Versiegelung von Flächen, einem höheren Verkehrsaufkommen sowie Lärmbelästigung einhergehen würde. Zum Teil stehen auch unterschiedliche Aspekte des Umweltschutzes in Konflikt zueinander, z. B. wenn es darum geht, dass mehr Windkrafträder gebaut werden sollen, um die Emissionen, die durch die Stromversorgung entstehen zu reduzieren, dafür aber Vögel, Fledermäuse und Insekten gefährdet werden. Beides sind Beispiele für Umweltkonflikte, auch als „ökologische Konflikte" bezeichnet. Diese sind definiert als:

- Unvereinbarkeiten (z. B. zwischen Handlungen, Zielen, Interessen, Werten, Überzeugungen)
- die mindestens zwei Konfliktparteien betreffen
- bei denen es (auch) um Entscheidungen über die Gestaltung der natürlichen Umwelt geht.

Aus der Definition wird bereits klar, dass die Konfliktgegenstände beide Forschungstraditionen der Umweltpsychologie berühren, da es sowohl um Umweltschutz (z. B. Klimaschutz durch weniger Emissionen) als auch um Umweltgestaltung (z. B. Fragen der Lärmbelästigung) geht.

Konstruktive Bearbeitung von Umweltkonflikten

Manchmal können die beteiligten Konfliktparteien Umweltkonflikte selbst lösen. Dies wird jedoch unwahrscheinlicher, je verhärteter der Konflikt ist. Auch die Tatsache, dass häufig viele Konfliktparteien mit unterschiedlichsten Interessen und Werthaltungen beteiligt sind, macht eine eigenständige Lösung häufig schwer. In manchen Fällen besteht die Möglichkeit eine gerichtliche Entscheidung zu erwirken. Dies sorgt jedoch häufig dafür, dass sich eine Partei als Verlierer sieht oder im schlimmsten Fall sogar alle Parteien diesen Eindruck haben (Montada & Kals, 2010). Vielfach sind Umweltkonflikte jedoch gar nicht so beschaffen, dass vor einem Gericht über sie entschieden werden könnte. So geht es zum Beispiel um Fragen nach den Rechten der belebten Natur, den Rechten zukünftiger Generationen und der Abwägung unterschiedlicher Ansprüche des Menschen auf die Nutzung der Natur, die entweder nicht oder nur in bestimmten Ausschnitten rechtlich geregelt sind (vgl. Montada & Kals, 2010). Daher werden häufig alternative Verfahren, wie Schieds- und Schlichtungsverfahren sowie Mediation, als Formen der alternativen Streitbeilegung genutzt, bei denen es um einen Interessensausgleich geht.

Umweltmediation

Umweltmediation ist ein außergerichtliches Verfahren, mit dessen Hilfe eine einvernehmliche Lösung für Umweltkonflikte gesucht wird, um diese nachhaltig beizulegen. Dabei suchen die Mediator:innen, die nicht am Konflikt beteiligt sind, gemeinsam mit den Konfliktparteien, den Mediant:innen, nach sogenannten Gewinner-Gewinner-Lösungen. Das heißt Lösungen, die für beide bzw. alle Parteien vorteilhaft sind. Während die Mediator:innen die Verantwortung für ein gerechtes Verfahren übernehmen, bleibt die Entscheidung über die Lösung bei den Mediant:innen (Fisher et al., 2000; Montada & Kals, 2010). Um solche Gewinner-Gewinner-Lösungen zu erarbeiten, werden u. a. die folgenden Methoden angewendet (vgl. Metha & Rückert, 2003):

- In die Lösungssuche werden individuelle Gerechtigkeitsurteile einbezogen. Dabei geht es nicht um die Frage, was objektiv betrachtet gerecht ist, sondern darum, was die Beteiligten als gerecht erleben und welche Ansprüche diesem Erleben zugrunde liegen.
- Der Kern des Konflikts, also das, worum es eigentlich geht, wird gemeinsam herausgearbeitet.
- Es wird angeregt in Alternativen zu Denken und zu Handeln. So können die Einengung auf bestimmte Positionen oder konfliktverschärfende Nullsummenannahmen überwunden werden. Bei der Suche nach Lösungsmöglichkeiten können beispielsweise zusätzliche Ressourcen einbezogen werden, sodass der zu verteilende „Kuchen" vergrößert wird. Auch Paketlösungen, in die verschiedene Einzelkonflikte eingebunden werden, sind möglich. Als Grundlage für diese Methoden ist Expertise in beiden umweltpsychologischen Forschungstraditionen sehr hilfreich.
- Psychologische Methoden zur Verständigung und Deeskalation, die u. a. Gesprächsführungsmethoden und Methoden der Perspektivenübernahme umfassen, sowie weitere psychologische Methoden sind hilfreich.

Den Rahmen, in dem diese Methoden zum Einsatz kommen, bildet eine Haltung der Wertschätzung und eine allparteiliche Offenheit der Mediator:innen gegenüber den Medianti:innen.

Ausblick: Gestaltungsaufgaben, Ausbildung und Berufsfelder

In den vorangegangenen Kapiteln wurde behandelt, was Umweltpsychologie ist, mit welchen Fragen sich die beiden großen Forschungstraditionen der Umweltpsychologie beschäftigen und wie sie zusammenwirken. Abschließend soll ein kurzer Ausblick auf die Gestaltungsaufgaben der Umweltpsychologie gegeben werden. Zudem wird dargestellt, wie man die dafür notwendigen Kompetenzen erwerben und im Rahmen welcher Berufsfelder man diese anwenden kann.

5.1 Gestaltungsaufgaben der Umweltpsychologie

Die Fachgruppe Umweltpsychologie der Deutschen Gesellschaft für Psychologie nennt folgende (Gestaltungs-)Themen für die Umweltpsychologie:

- Umweltwahrnehmung, -beurteilung und -bewertung
- Umweltplanung und -gestaltung
- Raumbezogenes Verhalten und Mobilität
- Umweltstressoren
- Soziale Konflikte beim Umgang mit knappen Ressourcen
- Umweltbewusstsein und umweltschützendes Verhalten
- Vermittlung und Mediation bei umweltbezogenen Konflikten

Die Lösung dieser Gestaltungsaufgaben geschieht auf zwei verschiedenen Wegen: (1) Es werden personenbezogene Ansätze verwendet, bei denen es um die gezielte Beeinflussung von Prozessen geht, die sich innerhalb des Menschen abspielen. (2) Durch externe Gestaltung werden gezielt Veränderungen an der natürlichen, sozialen oder kulturellen Umwelt vorgenommen (Deinsberger, 2007). Personenbezogene Ansätze umfassen die Vermittlung umweltbezogenen Wissens oder Interventionen, die umweltbezogene Handlungen in Richtung einer stärkeren Nachhaltigkeit lenken, z. B. durch personalisiertes Feedback zum Energieverbrauch. Externe Gestaltung geschieht zum Beispiel dann, wenn eine Grünanlage so gestaltet wird, dass sie den menschlichen Bedürfnissen nach Rückzug und Exploration Rechnung trägt und sich Menschen darin wohlfühlen oder wenn Klassenzimmer so eingerichtet werden, dass die akustischen Bedingungen für das Lesenlernen möglichst gut sind. Beide Ansätze beeinflussen sich gegenseitig und sind nicht immer eindeutig voneinander zu trennen, z. B. wird durch die Gestaltung einer Räumlichkeit das Verhalten in ebendieser beeinflusst.

5.2 Ausbildung

Die bisherigen Ausführungen zeigen, dass neben einer profunden Grundausbildung in Psychologie zahlreiche umweltpsychologische Fachkenntnisse benötigt werden, um die Gestaltungsaufgaben der Umweltpsychologie wahrzunehmen. Solche können zunehmend an Universitäten und Hochschulen erworben werden. Während es das Anwendungsfach Umweltpsychologie 2016 nur an zwei Universitäten gab, ist die Zahl seitdem deutlich gewachsen. Auch die Zahl an Studiengängen, in denen ein explizit umweltpsychologischer Schwerpunkt auf Bachelor- oder Masterniveau möglich ist, steigt. Zudem werden umweltpsychologische Themen häufig im Rahmen der sozialpsychologischen Lehre vermittelt (Schweizer-Ries, 2008). Die dabei erworbenen Kenntnisse können durch (Forschungs-)Praktika vertieft werden (ebd.).

In naturwissenschaftlich-technischen Studiengängen, z. B. den sogenannten „Umweltwissenschaften", scheinen umweltpsychologische Themen jedoch bislang noch unterrepräsentiert. Wie in Abschn. 4.1 ausgeführt, hätte jedoch gerade die Kooperation zwischen naturwissenschaftlich-technischen Disziplinen und der Umweltpsychologie großes Potenzial, zentrale umweltbezogene Gestaltungsaufgaben zu erfüllen.

Daneben gibt es auch außerhalb der Universitäten umweltpsychologische Forschung und Beratung, z. B. im Bereich der Stadtentwicklung oder der Mobilität.

5.3 Berufs- und Arbeitsfelder

Viele Umweltpsycholog:innen arbeiten forschungsnah, z. B. an Universitäten und Forschungseinrichtungen (Matthies, 2017; Matthies & Ernst, 2005) oder selbstständig in der umweltbezogenen Beratung. In der Politikberatung beschäftigen sich Umweltpsycholog:innen mit Fragestellungen der Mobilität, der Umweltbildung oder der baulichen Umwelt (Matthies, 2017). Angesichts der großen Bedeutung von Umweltthemen und dem starken Handlungsbedarf im Bereich des Umweltschutzes gehen wir davon aus, dass der Bedarf an umweltpsychologischer Expertise weiterhin zunehmen wird.

Literatur

Abrahamse, W., & Schuitema, G. (2019). Psychology and energy conservation: Contributions from theory and practice. In M. Lopes, C. Antunes, & K. Janda (Hrsg.), *Energy and behavior: Towards a low carbon future* (S. 19–44). Elsevier. https://doi.org/10.1016/B978-0-12-818567-4.00001-6

Ajzen, I. (1991). The theory of planned behavior. Some unresolved issues. *Organizational Behavior and Human Decision Processes, 50*(2), 179–211. https://doi.org/10.1016/0749-5978(91)90020-T

Alscher, M., Priller, E., & Burkhardt, L. (2021). Zivilgesellschaftliches Engagement. In Statistisches Bundesamt, Wissenschaftszentrum Berlin für Sozialforschung, & Bundesinstitut für Bevölkerungsforschung (Hrsg.), *Datenreport 2021. Ein Sozialbericht für die Bundesrepublik Deutschland* (S. 399–407). Bundeszentrale für politische Bildung.

Anderson, C. A., Anderson, K. B., Dorr, N., DeNeve, K. M., & Flanagan, M. (2000). Temperature and aggression. In M. Zanna (Hrsg.), *Advances in experimental social psychology* (Bd. 32, S. 63–133). Academic Press. https://doi.org/10.1016/S0065-2601(00)80004-0

Appleton, J. (1996). *The experience of landscape* (2. Aufl.). Wiley.

Arnold, T. (2020). Open Space: Räumliche, zeitliche und soziale Flexibilisierung der Bürowelt als Antwort auf die Herausforderungen von Arbeit 4.0 – Empirische Befunde. In H.-W. Franz, G. Beck, D. Compagna, P. Dürr, W. Gehra, & M. Wegner (Hrsg.), *Nachhaltig Leben und Wirtschaften: Management Sozialer Innovationen als Gestaltung gesellschaftlicher Transformation* (S. 137–156). Springer.

Babisch, W. (2006). Transportation noise and cardiovascular risk: Updated review and synthesis of epidemiological studies indicate that the evidence has increased. *Noise & Health, 8*(30), 1–29.

Bamberg, S., & Möser, G. (2007). Twenty years after Hines, Hungerford, and Tomera: A new meta-analysis of psycho-social determinants of pro-environmental behaviour. *Journal of Environmental Psychology, 27*(1), 14–25. https://doi.org/10.1016/j.jenvp.2006.12.002

Barker, R. G. (1968). *Ecological psychology: Concepts and methods for studying the environment of human behavior*. Stanford University Press.

Barkow, J. H., Cosmides, L., & Tooby, J. (Hrsg.). (1992). *The adapted mind. Evolutionary psychology and the generation of culture*. Oxford University Press.

Batz, M. (2021). *Nachhaltigkeit in der Sozialwirtschaft. Eine Einführung.* Springer VS.
Becker, M., Graf-Szczuka, K., & Wieschrath, S. (2022). Architekturpsychologische Gestaltung von Arbeitsumwelten. *Gruppe. Interaktion. Organisation. Zeitschrift für Angewandte Organisationspsychologie (GIO), 53*(2), 151–159. https://doi.org/10.1007/s11612-022-00632-x
Blankenberg, A. K., & Alhusen, H. (2019). On the determinants of pro-environmental behavior: A literature review and guide for the empirical economist (CEGE Discussion Papers, No. 350). University of Göttingen, Center for European, Governance and Economic Development Research (CEGE). http://hdl.handle.net/10419/204821. Zugegriffen am 18.02.2025.
Böhm, G. (2008). Wahrnehmung und Bewertung von Umweltrisiken. In E.-D. Lantermann & V. Linneweber (Hrsg.), *Grundlagen, Paradigmen und Methoden der Umweltpsychologie* (S. 501–532). Hogrefe.
Britain, A. S., Amel, E. L., Koger, S. M., & Manning, C. M. (2016). *Psychology for sustainability* (4. Aufl.). Routledge.
Bunz, M., & Wothge, J. (2016). *Fachliche Einschätzung der Lärmwirkungsstudie NORAH.* Umweltbundesamt. https://www.umweltbundesamt.de/sites/default/files/medien/376/publikationen/fachliche_einschaetzung_der_laermwirkungsstudie_norah.pdf. Zugegriffen am 19.02.2025.
Butollo, W., & Hagl, M. (2003). *Trauma, Selbst und Therapie. Konzepte und Kontroversen in der Psychotraumatologie.* Huber.
Caissie, L. T., & Halpenny, E. A. (2003). Volunteering for nature: Motivations for participating in a biodiversity conservation volunteer program. *World Leisure Journal, 45*(2), 38–50. https://doi.org/10.1080/04419057.2003.9674315
Calhoun, J. B. (1962). Population density and social pathology. *Scientific American, 206*(2), 139–149.
Dawes, R. M. (1980). Social dilemmas. *Annual Review of Psychology, 31,* 169–193. https://psycnet.apa.org/doi/10.1146/annurev.ps.31.020180.001125
De Pelsmacker, P., & Janssens, W. (2007). A model for fair trade buying behaviour: The role of perceived quantity and quality of information and of product-specific attitudes. *Journal of Business Ethics, 75*(4), 361–380. https://doi.org/10.1007/s10551-006-9259-2
Deinsberger, H. (2007). *Die Psycho-Logik von Wohnbaustrukturen.* Books on Demand.
Dickson, M. A. (2001). Utility of no sweat labels for apparel consumers: Profiling label users and predicting their purchases. *Journal of Consumer Affairs, 35*(1), 96–119. https://doi.org/10.1111/j.1745-6606.2001.tb00104.x
Diekmann, A., & Preisendörfer, P. (2003). Green and greenback: The behavioral effects of environmental attitudes in low-cost and high-cost situations. *Rationality and Society, 15*(4), 441–472. https://doi.org/10.1177/1043463103154002
Eisenhardt, T. (2008). *Mensch und Umwelt.* Peter Lang.
Ernst, A. (1997). *Ökologisch-soziale Dilemmata: Psychologische Wirkmechanismen des Umweltverhaltens.* Beltz.
Ernst, A. (2008). Ökologisch-soziale Dilemmata. In E.-D. Lantermann & V. Linneweber (Hrsg.), *Grundlagen, Paradigmen und Methoden der Umweltpsychologie* (S. 377–413). Hogrefe.
Ernst, A. (2010). Individuelles Umweltverhalten – Probleme, Chancen, Vielfalt. In H. Welzer, H. G. Soeffner, & D. Giesecke (Hrsg.), *KlimaKulturen. Soziale Wirklichkeiten im Klimawandel* (S. 128–143). Campus.
Fisher, R., Ury, W., & Patton, B. M. (2000). *Das Harvard-Konzept: sachgerecht verhandeln – erfolgreich verhandeln* (21. Aufl.). Campus.
Flade, A. (2020). *Wohnen in der individualisierten Gesellschaft.* Springer Fachmedien.

Literatur

Fuhrer, U. (2008). Ortsidentität, Selbst und Umwelt. In E.-D. Lantermann & V. Linneweber (Hrsg.), *Grundlagen, Paradigmen und Methoden der Umweltpsychologie* (S. 415–442). Hogrefe.

Fujii, S., Gärling, T., & Kitamura, R. (2001). Changes in drivers' perceptions and use of public transport during a freeway closure: Effects of temporary structural change on cooperation in a real-life social dilemma. *Environment and Behavior, 33*(6), 796–808. https://doi.org/10.1177/00139160121973241

Gaekwad, J. S., Sal Moslehian, A., Roös, P. B., & Walker, A. (2022). A meta-analysis of emotional evidence for the biophilia hypothesis and implications for biophilic design. *Frontiers in Psychology*, 13, Article 750245. https://doi.org/10.3389/fpsyg.2022.750245

Gehring, K., & Maes, J. (2010). Freizeit, Tourismus, Regeneration. In V. Linneweber, E.-D. Lantermann, & E. Kals (Hrsg.), *Spezifische Umwelten und umweltbezogenes Handeln* (S. 461–484). Hogrefe.

Gellrich, A., Burger, A., Tews, K., Simon, C., & Seider, S. (2021). *25 Jahre Umweltbewusstseinsforschung im Umweltressort: langfristige Entwicklungen und aktuelle Ergebnisse.* Umweltbundesamt. https://www.umweltbundesamt.de/publikationen/25-jahreumweltbewusstseinsforschung-im. Zugegriffen am 18.02.2025.

Grober, U. (2010). *Die Entdeckung der Nachhaltigkeit. Kulturgeschichte eines Begriffs.* Kunstmann.

Grunert, K. G., Hieke, S., & Wills, J. (2014). Sustainability labels on food products: Consumer motivation, understanding and use. *Food Policy, 44*, 177–189. https://doi.org/10.1016/j.foodpol.2013.12.001

de Haan, G. (2008). Gestaltungskompetenz als Kompetenzkonzept für Bildung für nachhaltige Entwicklung. In I. Bormann & G. de Haan (Hrsg.), *Kompetenzen der Bildung für nachhaltige Entwicklung. Operationalisierung, Messung, Rahmenbedingungen, Befunde* (S. 23–44). Springer.

Hardin, G. (1968). The tragedy of the commons. *Science, 162*, 1243–1248.

Harloff, H. J., Eitmann, J., & Hinding, B. (2010). Psychologische Probleme der Stadtplanung. In V. Linneweber, E.-D. Lantermann, & E. Kals (Hrsg.), *Spezifische Umwelten und umweltbezogenes Handeln* (S. 1005–1030). Hogrefe.

von Hauff, M. (2014). *Nachhaltige Entwicklung: Grundlagen und Umsetzung.* De Gruyter.

Haustein, A., & Penning, I. (2020). Ein Meer voller Fische – Nachhaltiges Handeln als Ziel in der Ernährungsbildung. *Haushalt in Bildung und Forschung, 9*(1), 19–20. https://doi.org/10.3224/hibifo.v9i1.08

Hellbrück, J., & Guski, R. (2018). *Lauter Schall. Wie Lärm in unser Leben eingreift.* WBG Academic.

Hellpach, W. (1924). Psychologie der Umwelt. In E. Abderhalden (Hrsg.), *Handbuch der biologischen Arbeitsmethoden. Abt. VI: Methoden der experimentellen Psychologie. C,3.* Urban & Schwarzenberg.

Homburg, A. (2023). Erklärungsansätze für umweltfreundliches Verhalten. Sachverständigenrat für Umweltfragen (Ed.), *Politik in der Pflicht: Umweltfreundliches Verhalten erleichtern* (41–50). https://www.umweltrat.de/SharedDocs/Downloads/DE/02_Sondergutachten/2020_2024/2023_05_SG_Umweltfreundliches_Verhalten.html. Zugegriffen am 18.02.2025.

Homburg, A., & Matthies, E. (1998). *Umweltpsychologie: Umweltkrise, Gesellschaft und Individuum.* Juventa.

Howell, A. J., & Passmore, H.-A. (2013). The nature of happiness: Nature affiliation and mental well-being. In C. L. M. Keyes (Hrsg.), *Mental well-being: International contributions to the study of positive mental health* (S. 231–257). Springer.

Hummel, C. F., Levitt, L., & Loomis, R. J. (1978). Perceptions of the energy crisis: Who is blamed and how do citizens react to environment lifestyle trade-offs? *Environment and Behavior, 10*(1), 37–88. https://doi.org/10.1177/0013916578101003

Husk, K., Lovell, R., Cooper, C., Stahl-Timmins, W., & Garside, R. (2016). Participation in environmental enhancement and conservation activities for health and well-being in adults: A review of quantitative and qualitative evidence. *Cochrane Database of Systematic Reviews.* https://doi.org/10.1002/14651858.CD010351.pub2

Intergovernmental Panel on Climate Change. (2022). *Climate change 2022: Mitigation of climate change. Contribution of Working Group III to the sixth assessment report of the Intergovernmental Panel on Climate Change.* Cambridge University Press. https://doi.org/10.1017/9781009157926

Jiranek, P., van Schie, S., Kals, E., Humm, J. S., Strubel, I. T., & Wehner, T. (2015). Gerechtigkeitserleben im organisationalen Kontext der Freiwilligenarbeit. In T. Wehner & S. T. Güntert (Hrsg.), *Psychologie der Freiwilligenarbeit* (S. 151–168). Springer. https://doi.org/10.1007/978-3-642-55295-3_9

Kals, E., & Baier, M. (2017). Beiträge der Gerechtigkeitspsychologie zum Verständnis und zur Lösung von Umweltproblemen und -konflikten. *Umweltpsychologie, 1*, 79–92.

Kals, E., & Montada, L. (1997). Motive politischer Engagements für den globalen oder lokalen Umweltschutz am Beispiel konkurrierender städtebaulicher Interessen. *Zeitschrift für Politische Psychologie, 5*, 21–39.

Kals, E., & Müller, M. M. (2012). Emotion and environment. In S. Clayton (Hrsg.), *Handbook of environmental and conservation psychology* (S. 128–147). Oxford University Press.

Kals, E., & Nisbet, E. (2019). Affective connection to nature. In A. C. Michalos (Hrsg.), *Encyclopedia of quality of life and well-being research* (2. Aufl., S. 83–88). Springer.

Kals, E., Becker, R., & Ittner, H. (2006). Protecting nature or promoting competing values and interests? In R. J. G. van den Born, R. H. J. Lenders, & W. T. de Groot (Hrsg.), *Visions of nature* (S. 129–151). LIT.

Kals, E., Strubel, I. T., & Hellbrück, J. (2023). *Umweltpsychologie.* Springer.

Kaplan, R., & Kaplan, S. (1989). *The experience of nature: A psychological perspective.* Cambridge University Press.

Kaplan, S. (1995). The restorative benefits of nature: Toward an integrative framework. *Journal of Environmental Psychology, 15*(3), 169–182. https://doi.org/10.1016/0272-4944(95)90001-2

Karlin, B., Zinger, J. F., & Ford, R. (2015). The effects of feedback on energy conservation: A meta-analysis. *Psychological Bulletin, 141*(6), 1205–1227. https://doi.org/10.1037/a0039650

Katz, I. M., Rauvola, R. S., Rudolph, C. W., & Zacher, H. (2022). Employee green behavior: A meta-analysis. *Corporate Social Responsibility and Environmental Management, 29*, 1146–1157. https://doi.org/10.1002/csr.2260

Klatte, M., Hellbrück, J., Seidel, J., & Leistner, P. (2010). Effects of classroom acoustics on performance and well-being in elementary school children: A field study. *Environment and Behavior, 42*(5), 659–692. https://doi.org/10.1177/0013916509336813

Klatte, M., Spilski, J., Mayerl, J., Möhler, U., Lachmann, T., & Bergström, K. (2016). Effects of aircraft noise on reading and quality of life in primary school children in Germany: Results from the NORAH study. *Environment and Behavior, 49*(4), 390–424. https://doi.org/10.1177/0013916516642580

Klöckner, C. A. (2013). A comprehensive model of the psychology of environmental behaviour – A meta-analysis. *Global Environmental Change, 23*, 1028–1038. https://doi.org/10.1016/j.gloenvcha.2013.05.014

Koltermann, S., & Kretzschmar, F. (2023). Pädagogische Architektur als Impulsgeber für Schulentwicklungsprozesse: Ein Unterstützungsangebot für die Gestaltung zukunftsfähiger Bildungseinrichtungen. *Die Deutsche Schule, 115*(4), 403–408.

Kriz, J. (1999). *Systemtheorie für Psychotherapeuten, Psychologen und Mediziner. Eine Einführung* (3. Aufl.). Facultas.

Lammers, J., Crusius, J., & Gast, A. (2020). Correcting misperceptions of exponential coronavirus growth increases support for social distancing. *Proceedings of the National Academy of Sciences, 117*(28), 16264–16266.

Lerner, M. J. (1975). The justice motive in social behavior: Introduction. *Journal of Social Issues, 31*(3), 1–19.

Lerner, M. J., & Simmons, C. H. (1966). Observers reaction to the "innocent victim": Compassion or rejection. *Journal of Personality and Social Psychology, 4*(2), 203–210.

Linneweber, V. (1998). Nachhaltige Entwicklung als unscharfes Prädikat. *Umweltpsychologie, 2*(1), 66–77.

Lynch, K. (1960). *The image of the city*. MIT Press.

Maloney, M. P., & Ward, M. P. (1973). Ecology: Let's hear from the people. An objective scale for the measurement of ecological attitudes and knowledge. *American Psychologist, 28*(7), 583–586. https://doi.org/10.1037/h0034936

Matthies, E. (2017). Vom Umweltbewusstsein zur solidarischen Lebensqualität: Ein Blick in jüngste Vergangenheit und Zukunft der Umweltpsychologie. *Umweltpsychologie, 20*(1), 94–100.

Matthies, E., & Ernst, A. M. (2005). Befragung „Umweltpsychologie in der Lehre" (Juni 04–Februar 05). *IZU, 11*(1), 7–12.

Matthies, E., Krömker, D., & Schweizer-Ries, P. (2006). From environmental psychology to sustainable psychology? Introduction into the main topic. *Umweltpsychologie, 10*(1), 114–117.

Maue, J. (2009). *0 Dezibel + 0 Dezibel = 3 Dezibel*. Erich Schmidt.

McDougle, L. M., Greenspan, I., & Handy, F. (2011). Generation green: Understanding the motivations and mechanisms influencing young adults' environmental volunteering. *International Journal of Nonprofit and Voluntary Sector Marketing, 16*(4), 325–341. https://doi.org/10.1002/nvsm.431

Measham, T. G., & Barnett, G. B. (2008). Environmental volunteering: Motivations, modes and outcomes. *Australian Geographer, 39*(4), 537–552. https://doi.org/10.1080/00049180802419237

Metha, G., & Rückert, K. (Hrsg.). (2003). *Mediation und Demokratie*. Carl-Auer-Systeme.

Miller, D. T. (1999). The norm of self-interest. *American Psychologist, 54*(12), 1053–1060. https://psycnet.apa.org/doi/10.1037/0003-066X.54.12.1053

Miller, D. T., & Ratner, R. K. (1998). The disparity between the actual and assumed power of self-interest. *Journal of Personality and Social Psychology, 74*(1), 53–62.

Montada, L., & Kals, E. (2010). Umweltmediation. In V. Linneweber, E.-D. Lantermann, & E. Kals (Hrsg.), *Spezifische Umwelten und umweltbezogenes Handeln* (S. 735–760). Hogrefe.

Nair, C. (2022). *Transformations for a disparate and more equitable world* (Earth4all: Deepdive paper 10). Club of Rome. https://www.clubofrome.org/wp-content/uploads/2022/08/Earth4All_Deep_Dive_Nair.pdf. Zugegriffen am 04.03.2025.

Orians, G. H. (2007). Human behavioral ecology: 140 years without Darwin is too long. In D. J. Penn & I. Mysterud (Hrsg.), *Evolutionary perspectives on environmental problems* (S. 259–279). Transaction Publishers.

Ott, K. (2016). Starke Nachhaltigkeit. In K. Ott, J. Dierks, & L. Voget-Kleschin (Hrsg.), *Handbuch Umweltethik* (S. 190–194). J. B. Metzler.

Platt, J. (1973). Social traps. *American Psychologist, 28*, 641–651. https://psycnet.apa.org/doi/10.1037/h0035723

Pufé, I. (2017). *Nachhaltigkeit*. UVK Verlagsgesellschaft.

Raworth, K. (2017). *Doughnut economics: Seven ways to think like a 21st-century economist*. Chelsea Green Publishing.

Rhein, S. (2006). *Lebensstil und Umgehen mit Umwelt*. Deutscher Universitätsverlag.

Sachverständigenrat für Umweltfragen (SRU). (2023, May). *Politik in der Pflicht: Umweltfreundliches Verhalten erleichtern*. Umweltrat. https://www.umweltrat.de/SharedDocs/Downloads/DE/02_Sondergutachten/2020_2024/2023_05_SG_Umweltfreundliches_Verhalten.html. Zugegriffen am 24.02.2025.

Schäfer, M., Jaeger-Erben, M., & Bamberg, S. (2012). Life events as windows of opportunity for changing towards sustainable consumption patterns? *Journal of Consumer Policy, 35*, 65–84. https://doi.org/10.1007/s10603-011-9181-6

Schahn, J., & Matthies, E. (2008). Moral, Umweltbewusstsein und umweltbewusstes Handeln. In E.-D. Lantermann & V. Linneweber (Hrsg.), *Grundlagen, Paradigmen und Methoden der Umweltpsychologie* (S. 663–689). Hogrefe.

Scherrer, Y. M., & Frecè, J. T. (2024). Nachhaltigkeit. In P. Genkova (Hrsg.), *Handbuch Globale Kompetenz* (S. 505–529). Springer. https://doi.org/10.1007/978-3-658-30555-0_40

Scheuthle, H., Frick, J., & Kaiser, F. G. (2010). Personzentrierte Interventionen zur Veränderung von Umweltverhalten. In V. Linneweber, E.-D. Lantermann, & E. Kals (Hrsg.), *Spezifische Umwelten und umweltbezogenes Handeln* (S. 643–667). Hogrefe.

van Schie, S., Güntert, S. T., & Wehner, T. (2015). Gestaltung von Aufgaben und organisationalen Rahmenbedingungen in der Freiwilligenarbeit. In T. Wehner & S. T. Güntert (Hrsg.), *Psychologie der Freiwilligenarbeit. Motivation, Gestaltung und Organisation* (S. 131–149). Springer.

Schmitt, C. T., & Bamberg, E. (Hrsg.). (2018). *Psychologie und Nachhaltigkeit*. Springer Fachmedien.

Schultz, W. P., Khazian, A. M., & Zaleski, A. C. (2008). Using normative social influence to promote conservation among hotel guests. *Social Influence, 3*(1), 4–23. https://doi.org/10.1080/15534510701755614

Schwartz, S. H. (1977). Normative influences on altruism. In L. Berkowitz (Hrsg.), A dvances in experimental social psychology (Bd. 10, S. 221–279). Academic Press. https://doi.org/10.1016/S0065-2601(08)60358-5

Schweizer-Ries, P. (2008). Umweltpsychologie. In A. Sternberg & M. Amelang (Hrsg.), *Psychologen im Beruf: Anforderungen, Chancen und Perspektiven* (S. 228–295). Kohlhammer.

Shipley, N. J., & van Riper, C. J. (2022). Pride and guilt predict pro-environmental behavior: A meta-analysis of correlational and experimental evidence. *Journal of Environmental Psychology, 79*, Article 101753. https://doi.org/10.1016/j.jenvp.2021.101753

Simonson, J., Kelle, N., Kausmann, C., & Tesch-Römer, C. (2022). Einleitung: Zwanzig Jahre Deutscher Freiwilligensurvey. In I. J. Simonson, N. Kelle, C. Kausmann, & C. Tesch-Römer (Hrsg.), *Freiwilliges Engagement in Deutschland: Empirische Studien zum bürgerschaftlichen Engagement* (S. 11–28). Springer.

Sloane, G., & Pröbstl-Haider, U. (2019). Motivation for environmental volunteering – A comparison between Austria and Great Britain. *Journal of Outdoor Recreation and Tourism, 25*, 158–168. https://doi.org/10.1016/j.jort.2019.01.002

Spada, H., Opwis, K., Donnen, J., Schwiersch, M., & Ernst, A. (1990). Ecological knowledge: Acquisition and use in problem solving and in decision making. *Western European Education, 22*(2), 49–72. https://doi.org/10.2753/EUE1056-4934220249

Stepanek, P. (2022). *Sozialwirtschaft nachhaltig managen. Basiswissen Sozialwirtschaft und Sozialmanagement*. Springer.

Stern, P. C., Dietz, T., & Kalof, L. (1993). Value orientations, gender, and environmental concern. *Environment and Behavior, 25*, 322–348. https://doi.org/10.1177/0013916593255002

Stroh, M. (2014). Planspiele zur Nachhaltigkeit. In S. Schwägele, B. Zürn, & F. Trautwein (Hrsg.), *Planspiele – Erleben, was kommt: Entwicklung von Zukunftsszenarien und Strategien, Tagungsband zum 29. Europäischen Planspielforum 2013* (S. 117–134). Books on Demand.

Strubel, I. T. (2019). *Nachhaltiger Konsum, Fairer Handel und Gerechtigkeit: Eine multimethodale psychologische Untersuchung gerechtigkeits- und verantwortungsbezogener Motive* (Doctoral Dissertation, Katholische Universität Eichstätt-Ingolstadt). KU.opus. https://opus4.kobv.de/opus4-ku-eichstaett/frontdoor/index/index/docId/496

Strubel, I. T. (2020). The impact of indignation on fairtrade support. *Conflict & Communication Online, 19*(1&2). https://regeneronline.de/journalcco/2020/pdf/strubel2020.pdf

Strubel, I. T., Riedner, A., & Kals, E. (2016). Motive freiwilligen Umweltengagements: Die Bedeutung von Gerechtigkeit und Wissen. In I. T. Strubel & E. Kals (Hrsg.), *Freiwilligenarbeit und Gerechtigkeit* (S. 83–100). Zentrum für Organisations- und Arbeitswissenschaften ETHZ.

Strubel, I. T., Freund, S., & Güntert, S. T. (2024a). Entwicklung und Validierung einer deutschen Kurzversion des Volunteer Functions Inventory (VFI). *Diagnostica, 70*(3), 101–112. https://doi.org/10.1026/0012-1924/a000328

Strubel, I. T., Schütt, S. C., & Kals, E. (2024b). Soziale Engagements. In P. Genkova (Hrsg.), *Handbuch Globale Kompetenz* (S. 1063–1076). Springer. https://doi.org/10.1007/978-3-658-30555-0_74

Sunstein, C. R. (2014). Nudging: A very short guide. *Journal of Consumer Policy, 37*(4), 583–588. https://doi.org/10.1007/s10603-014-9273-1

Thaler, R., & Sunstein, C. (2008). *Improving decisions about health, wealth and happiness*. Penguin.

Thomasius, H., & Bendix, B. (2013). *Sylvicultura oeconomica – Transkription in das Deutsch der Gegenwart*. Kessel.

van Valkengoed, A. M., Abrahamse, W., & Steg, L. (2022). To select effective interventions for pro-environmental behaviour change, we need to consider determinants of behaviour. *Nature Human Behaviour, 6*(11), 1482–1492. https://doi.org/10.1038/s41562-022-01473-w

Varotto, A., & Spagnolli, A. (2017). Psychological strategies to promote household recycling. A systematic review with meta-analysis of validated field interventions. *Journal of Environmental Psychology, 51*, 168–188. https://doi.org/10.1016/j.jenvp.2017.03.011

Verplanken, B., & Wood, W. (2006). Interventions to break and create consumer habits. *Journal of Public Policy and Marketing, 25*(1), 90–103. https://doi.org/10.1509/jppm.25.1.90

Vlek, C., & Keren, G. B. (1992). Behavioral decision theory and environmental risk management: Assessment and resolution of four 'survival' dilemmas. *Acta Psychologica, 80*, 249–278. https://doi.org/10.1016/0001-6918(92)90050-N

Weltkommission für Umwelt und Entwicklung (WCED). (1987). *Our common future.* Oxford University Press.

Werth, L., Steidle, A., Hubschneider, C., de Boer, J., & Sedlbauer, K. (2013). Psychologische Befunde zu Licht und seiner Wirkung auf den Menschen – ein Überblick. *Bauphysik, 35*(3), 193–204. https://doi.org/10.1002/bapi.201310058

White, K., MacDonnell, R., & Ellard, J. H. (2012). Belief in a just world: Consumer intentions and behaviors toward ethical products *Journal of Marketing, 76*(1), 103–118. https://doi.org/10.1509/jm.09.0581

Wilson, E. O. (1984). *Biophilia: The human bond with other species.* Harvard University Press.

World Health Organization. (2011). *Burden of disease from environmental noise, quantification of healthy life years lost in Europe.* WHO. https://www.euro.who.int/__data/assets/pdf_file/0008/136466/e94888.pdf. Zugegriffen am 25.02.2025.

Wyss, A. M., Knoch, D., & Berger, S. (2022). When and how pro-environmental attitudes turn into behavior: The role of costs, benefits, and self-control. *Journal of Environmental Psychology, 79*, Article 101748. https://doi.org/10.1016/j.jenvp.2021.101748

Zieris, P., Freund, S., & Kals, E. (2023). Nature experience and well-being: Bird watching as an intervention in nursing homes to maintain cognitive resources, mobility, and biopsychosocial health. *Journal of Environmental Psychology, 91*, Article 102139. https://doi.org/10.1016/j.jenvp.2023.102139

The manufacturer's authorised representative in the EU is Springer Nature Customer Service Centre GmbH, Europaplatz 3, 69115 Heidelberg, Germany. If you have any concerns regarding our products, please contact ProductSafety@springernature.com

Printed and bound by CPI Group (UK) Ltd, Croydon, CR0 4YY
26/03/2026
02078963-0002